massas

Ursula Ferrigno

fotografia: Peter Cassidy

ALTA BOOKS
EDITORA

Cozinha Fácil todos os dias - Massas Copyright © 2010 da Starlin Alta Con. Com. Ltda.
ISBN 978-85-7608-493-8

Produção Editorial:
Starlin Alta Con.
Com. Ltda.

Gerência de Produção:
Maristela Almeida

Coordenação Administrativa:
Anderson Câmara

Supervisão de Produção
Angel Cabeza

Tradução:
Lilian Rejane

Revisão Gramatical:
Fátima Felix
Maryanne B. Linz

Revisão Técnica:
Mario César Varges
Graduando em Gastronomia pela Universidade Estácio/RJ, Certificado como Chefe Internacional pelo Senac/RJ e Diretor operacional da Sirvasse Consultoria.

Diagramação:
Equipe Alta Books

Fechamento:
Luis Rodrigues

ALTA BOOKS
EDITORA

Rua Viúva Cláudio, 291 - Bairro Industrial do Jacare
CEP: 20970-031 - Rio de Janeiro - Tel.: 21 3278-8069/8419 Fax: 21 3277-1253
www.altabooks.com.br - e-mail: altabooks@altabooks.com.br

Sumário

Notas de culinária
Todas as receitas têm o rendimento de 4 porções, a não ser que esteja descrito o contrário.
Todas as medidas de colheres são precisas: 1 colher de chá = 5 ml; 1 colher de sopa = 15 ml.
Use pimenta-do-reino moída na hora e ervas frescas, se não for pedido diferente.

CAPÍTULO

1

Massas o básico

Na Itália, quase nenhuma refeição é servida sem algum tipo de massa, e ela acabou se tornando extremamente popular no mundo todo. Afinal de contas, é barata, rápida de fazer, altamente nutritiva e extremamente versátil. Atualmente, a variedade de massas frescas e secas disponível nos supermercados parece infinita e você ainda pode combiná-las de várias maneiras com molhos muito saborosos.

A massa é uma comida antiga. Desenhos encontrados em cavernas em Imperia, no norte da Itália, sugerem que ela já existia muito antes de Marco Polo ter relatado que a trouxe da China. A massa é essencial na vida dos italianos. Ela faz parte de um ritual diário, consumida em todos os almoços e jantares, até mesmo no Natal, como parte da entrada, **primo piatto**, depois do **antipasti** e antes do prato principal. E ela nunca é servida como uma refeição por si só.

A massa já foi especialidade do sul, enquanto a população do norte preferia arroz e

polenta. Mas, de algum modo, acabou unindo a Itália e hoje é consumida por todo o território. A massa é a alma da vida italiana.
Durante o Renascimento, as massas — principalmente lasanha, ravióli e tortellini — eram vistas somente nas mesas dos mais ricos. Contudo, no século XIX, passou a ser vista como comida dos pobres, principalmente em Nápoles. No século XX, Mussolini chegou ao ponto de pensar em bani-la da dieta do exército italiano porque acreditava que ela deixava os soldados mais lentos.

Do ponto de vista nutricional, as massas são um complexo de carboidrato, mas, devido ao baixo teor de gordura, elas não têm tantas calorias (claro, alguns dos molhos que as acompanham podem ser extremamente calóricos). Alguns tipos de massa, principalmente as feitas com ovos, contêm até 13% de proteína, bem como vitaminas e minerais.

A imaginação das pessoas pode ir à loucura ao pensar em todos os ingredientes que podem compor um molho: você pode usar legumes, queijos, óleos, ervas e temperos. Eu como massa todos os dias; é a única coisa que tenho certeza que farei todos os dias. Meu avô costumava dizer: “Eu não estou vivendo se não comer massa todos os dias”.

Tipos de massa

A massa fresca com ovos (**pasta fresca all'uovo**) comprada em embalagens a vácuo pode ser mole e sem sabor, mas as lojas italianas especializadas em massas caseiras conseguem oferecer algo próximo das coisas boas. A massa seca (**pasta secca**) é boa, principalmente se foi feita na Itália com semolina durum (**pasta di semola di grano duro secca**), sendo que também há alguns tipos de massa seca com ovos (**pasta all'uovo secca**). No entanto, a melhor massa é a caseira. A maioria das receitas que incluí neste livro utiliza as massas simples, como espaguete, talharim e lasanha — as que são usadas com maior frequência **a casa**, na Itália. Isso evita com que se tenha muitos pacotes de massas abertos, de diferentes formatos, empilhados na sua despensa.

Fazendo a massa

A massa deve ser feita com farinha forte, rica em glúten, que é o que confere sua verdadeira textura. O trigo é moído de maneira bem fina para produzir farinha "00", macia e sedosa. Você pode encontrá-la nas lojas de especialidades italianas. A farinha de trigo normal também pode ser usada, mas a massa vai ficar mais mole.

Massa básica com ovos

Rendimento: 1kg aproximadamente

350 g de farinha de trigo, de preferência a italiana 00

350 g de farinha de semolina

1 colher de chá de sal

7 ovos médios

2 colheres de sopa de azeite de oliva

1 Faça uma pilha com as farinhas em uma superfície lisa e misture bem, acrescentado o sal, em um monte parecido com um vulcão com um reservatório no meio.

2 Coloque os ovos nesse reservatório e acrescente o azeite. Com um garfo, bata lentamente os ovos e misture a farinha com a outra mão para formar uma pasta. Quando toda a farinha estiver incorporada, você terá uma bola de massa — se parecer seca demais, adicione um pouco mais de azeite ou água; se parecer úmida demais, acrescente um pouco mais de farinha.

3 A princípio, a mistura ficará mole e grudenta, mas amasse bem até ficar homogênea e macia, de modo que quando você apertá-la com o dedo, ela volte a crescer novamente. Embrulhe em filme plástico e deixe descansar na geladeira por cerca de 30 minutos.

Essa receita é suficiente para servir 12 pessoas. É mais fácil trabalhar com quantidades maiores. Você pode guardar a massa na geladeira por vários dias ou congelar o que não utilizar imediatamente.

Faça uma pilha com as farinhas em uma superfície lisa e misture bem, acrescentado o sal, em um monte parecido com um vulcão.

Coloque os ovos nesse reservatório e acrescente o azeite. Com um garfo, bata lentamente os ovos.

Misture a farinha com a outra mão para formar uma pasta.

Quando toda a farinha estiver incorporada, você terá uma bola de massa.

Se a mistura parecer seca demais, adicione um pouco mais de azeite ou água; se parecer úmida demais, acrescente um pouco mais de farinha.

A princípio, a mistura ficará mole e grudenta, mas continue misturando e juntando os pedaços de massa que se separam.

Amasse até que ela fique lisa e homogênea, de modo que quando você apertá-la com o dedo, ela volte a crescer novamente.

Embrulhe em filme plástico e deixe descansar na geladeira por cerca de 30 minutos.

Usando a máquina de fazer massas

Abra a massa que já descansou na geladeira com um rolo, de modo a deixá-la em uma formato oval e fino que caiba na largura da sua máquina de massas. Começando com os rolos da máquina na posição mais larga possível, passe a massa pela máquina várias vezes.

Mude os rolos da máquina para a próxima configuração mais larga e repita o processo. Continue diminuindo o ajuste dessa maneira. Quando você acabar de passar a massa várias vezes uma configuração acima da mais fina de todas (eu nunca uso a mais fina de todas porque acho que a massa fica fina demais, a ponto de ser difícil trabalhar com ela), a massa deve estar pronta para receber seu formato. Ela deve estar fina o suficiente para você conseguir perceber seus dedos do outro lado dela, conforme ilustramos nas páginas a seguir.

Para massas do tipo ravióli e lasanha, deixe a massa como está, aparando-as até o formato adequado. No entanto, para fazer talharim, passe a massa pelo cortador selecionado para produzir o formato desejado. Deixe secar por 5 a 7 minutos (caso contrário, elas começam a grudar), depois enrole o comprimento do talharim em ninhos, conforme mostrado, e deixe secar novamente antes de cozinhar.

Abra a massa que já descansou na geladeira com um rolo, de modo a deixá-la em uma formato oval e fino que caiba na largura da sua máquina de massas.

Começando com os rolos da máquina na posição mais larga possível, passe a massa pela máquina várias vezes.

Mude os rolos da máquina para a próxima configuração mais larga e repita o processo.

Continue diminuindo o ajuste dessa maneira, até chegar na posição acima da mais fina de todas. Passe a massa várias vezes.

A massa deve estar pronta para receber seu formato. Ela deve estar fina o suficiente para você conseguir perceber seus dedos do outro lado dela.

Para fazer talharim, passe a massa pelo cortador selecionado para produzir o formato desejado.

Deixe secar por 5 a 7 minutos, caso contrário, elas começam a grudar.

Enrole o comprimento do talharim em ninhos e deixe secar novamente antes de cozinhar.

Para fazer pasta nero (massa com tinta de lula): simplesmente acrescente um sachê de 4 g de tinta de lula com os ovos e o azeite. Os sachês de tinta de lula podem ser encontrados em boas peixarias e em lojas italianas.

Para fazer pasta verde ou pasta com espinafre: substitua 2 dos ovos por 500 g de espinafre cozido em uma panela bem fechada (na água que ficou nele depois de lavá-lo) por alguns minutos, até ele ficar tenro, e depois esfriar. Você precisa remover o máximo que conseguir da umidade dele.

Combinando os molhos com os formatos de macarrão

O macarrão é feito em centenas de formatos, cada um deles com uma habilidade diferente de aderir ao tão importante molho. Uma regra básica diz que os formatos ocos ou torcidos caem bem com molhos grossos e que, quanto mais fino for o macarrão, mais consistente deve ser o molho. O macarrão fino e comprido pede um molho oleoso e mais líquido; os formatos mais elaborados têm buracos e curvas nos quais um molho mais grosso consegue se aderir.

Os molhos pesados com grandes pedaços de carne dificilmente caem bem com o espaguete ou talharim fino, simplesmente porque os pedaços escorregam. Portanto, esse tipo de molho é sempre servido com um macarrão mais amplo, como pappardelle e o talharim mais largo, ou com os formatos tubulares: penne, parafuso, conchinha e rigatoni.

No sul da Itália, o azeite de oliva é usado para cozinhar, no lugar da manteiga, então, lá, os molhos tendem a ser feitos com azeite de oliva e geralmente servidos com macarrão de sêmola de grão duro (**pasta di semola grano duro**), como o espaguete ou vermicelli. Esses formatos longos e finos são tradicionalmente servidos com molho de tomate e frutos do mar, sendo que a maioria é feito de azeite de oliva e com molho leve de legumes. O espaguete e o vermicelli também são ideais para os molhos minimalistas. O queijo ralado normalmente não acompanha esses molhos, nem espalhado por cima.

No norte, a manteiga e o creme são utilizados nos molhos e, como já era de se esperar, eles caem bem com as massas de ovos feitas por lá, que absorvem a manteiga e o creme e fazem o molho aderir ao macarrão. A manteiga e o creme também caem bem com molhos de tomate, quando servidos com os formatos curtos, como penne, rigatoni, gravata e parafuso.

Quantidade de massa para cozinhar por pessoa:
Massa seca: 75 – 115g
Massa fresca: 115 – 150g
Massa recheada: 175 – 200g

Cozinhando a massa

Cozinhe a massa em água fervendo, trazendo-a de volta ao ponto de ebulição o mais rápido possível. Mantenha a água nesta temperatura até a massa estar cozida. Sempre cozinhe a massa seca em uma panela grande para que haja espaço suficiente para a massa expandir, já que ela absorve a água. Acrescente o sal apenas quando a água já estiver fervendo; se ele for colocado muito antes, ficará disperso nos lados da panela e a água não ficará salgada o suficiente.

A MASSA SECA, que é feita de sêmola durum, está pronta quando estiver al dente (literalmente, "ao dente"), ou seja, macia com certa resistência central quando mordida. Você vai ver que eu repeti isso por completo em todas as receitas e não me desculpo por isso.

A MASSA FRESCA é feita de trigo mais suave e nunca fica firme igual à massa seca quando cozida, mas deve apresentar a mesma resistência. A massa cozida demais, de qualquer tipo que seja, fica mole e desagradável ao paladar. O cozinheiro italiano é incapaz de servi-la.

OS FORMATOS DE MASSA RECHEADA necessitam de manuseio cuidadoso ou podem acabar se abrindo e perdendo o recheio na água. Coloque a massa na água fervendo, trazendo-a de volta ao ponto de ebulição o mais rápido possível. Depois, reduza o fogo e escalde a massa em fogo baixo, mexendo delicadamente durante o cozimento.

O ESPAGUETE e as outras MASSAS SECAS LONGAS precisam ser enrolados na água fervendo enquanto cozinham. Pegue um punhado por vez e mergulhe na água fervendo até que encostem no fundo da panela. À medida que o espaguete amolece, enrole-o com uma colher de pau ou garfo até que fique submerso.

A MASSA FRESCA geralmente leva bem menos tempo para cozinhar; pode ser cozida em até 4-5 minutos, embora isso dependa do formato e tamanho. O talharim caseiro pode ser cozido em até 30 segundos.

CAPÍTULO 2

massas
sopas &
caldos

O macarrão na sopa é parte bem tradicional da culinária italiana caseira, embora seu papel neste sentido seja bem negligenciado no exterior. Servido como **primo piatto** (entrada) em vez de um prato de massa tradicional, ele é visto como comida altamente digestível e provedora de combustível. Geralmente feito com muitos legumes e/ou sementes comestíveis, esta é a comida adequada no inverno. Uma observação importante: os italianos não encaram a sopa como repositório de sobras, eles utilizam os melhores e mais frescos ingredientes e se esforçam bastante para fazer o caldo mais saboroso, no qual podem colocar sua massa **in brodo**.

Minestrone com macarrão e legumes assados

Rendimento: 4 a 6 porções

200 g de tomates maduros frescos

3 colheres de sopa de azeite de oliva

1 cebola

2 talos de aipo

2 cenouras médias

1 abobrinha em fatias bem finas

1 batata cortada em cubos de 1 cm

150 g de vagem

¼ de repolho picado

3 dentes de alho bem picados

3 folhas de louro frescas

200 g de feijão cannellini ou branco cozido

1,2 litros de caldo de legumes (veja pág. 33)

sal e pimenta-do-reino moída a gosto

90 g de macarrão vermicelli ou maltagliati

queijo parmesão ralado na hora, para servir

1 Pré-aqueça o forno em 200°C. Remova o centro dos tomates e coloque-os em uma assadeira. Tempere com um pouco de azeite de oliva e asse no forno por 20-30 minutos, dependendo do tamanho, até começarem a ganhar cor e a pele se separar. Tire do forno e deixe esfriar um pouco antes de remover as peles. Pique grosseiramente os tomates.

2 Pique a cebola, o aipo e as cenouras em cubos. Tempere com um pouco de azeite de oliva e misture de modo a cobrir levemente os legumes. Tempere, espalhe tudo em uma única camada em uma assadeira e asse por 5-10 minutos. Acrescente a abobrinha e a batata, e leve de volta ao forno por mais 5-10 minutos, até que as cebolas e cenouras comecem a caramelizar e as abobrinhas e batatas comecem a ficar douradas.

3 Aqueça a última colher de azeite em uma grande panela e refogue a vagem, o repolho e o alho por 3 minutos, no fogo alto. Acrescente as folhas de louro, o feijão cannellini e todos os legumes assados. Acrescente o caldo de legumes com sal e pimenta a gosto. Deixe ferver, mexa bem, cubra e deixe cozinhar em fogo baixo por 30 minutos, até que os legumes fiquem tenros, mexendo de vez em quando.

4 Quebre o macarrão em pequenos pedaços e acrescente à sopa. Cozinhe em fogo baixo, mexendo de vez em quando, por 6-8 minutos, até que o macarrão fique al dente, ou seja, macia, mas firme quando mordido. Corrija o tempero, se necessário. Sirva em tigelas aquecidas, salpicado com parmesão.

Minestrone genovesa com pesto

Rendimento: 4 a 6 porções

1 cebola
2 talos de aipo
2 cenouras médias
3 colheres de sopa de azeite de oliva
150 g de vagem cortadas em pedaços de 5 cm
1 abobrinha em fatias bem finas
1 batata cortada em cubos de 1 cm
¼ de repolho picado
200 g de feijão cannellini ou branco cozido ou enlatado
2 tomates picados
1,2 litros de caldo de legumes
Sal e pimenta-do-reino moída a gosto
90 g de macarrão vermicelli ou maltagliati seco

Para o pesto

1 dente de alho
2 colheres de chá de pinoli
2 colheres de sopa de azeite de oliva extravirgem
1 colher de sopa de queijo parmesão ralado na hora
1 colher de sopa de queijo pecorino ralado na hora
20 folhas de manjericão

1 Pique a cebola, o aipo e a cenoura bem finos. Aqueça o azeite em uma panela grande, acrescente os legumes picados e cozinhe em fogo baixo, mexendo com frequência, por 5-7 minutos.

2 Acrescente a vagem, a abobrinha, a batata e o repolho. Refogue em fogo médio por 3 minutos. Acrescente o feijão cannellini e os tomates. Refogue por mais 2-3 minutos.

3 Adicione o caldo de legumes com sal e pimenta a gosto. Deixe ferver, mexa bem, cozinhe em fogo baixo, mexendo de vez em quando, até que todos os legumes estejam tenros — cerca de 40 minutos.

4 Enquanto isso, faça o pesto usando um pilão: triture o alho com os pinoli, acrescente o azeite, queijos e manjericão, nesta ordem, até obter um molho espesso. Você pode usar um processador de alimentos, mas o sabor não será tão picante.

5 Quebre o macarrão em pequenos pedaços e acrescente à sopa. Cozinhe em fogo baixo, mexendo de vez em quando, por 5 minutos. Acrescente o pesto e mexa bem. Deixe cozinhar em fogo baixo por mais 2-3 minutos ou até que o macarrão esteja al dente, ou seja, macio, mas firme quando mordido.

6 Experimente e corrija o tempero, se necessário. Sirva em tigelas aquecidas.

Minestrone com macarrão e grão-de-bico

Rendimento: 4 a 6 porções

4 colheres de sopa de azeite de oliva
1 cebola picada
2 cenouras picadas
2 talos de aipo picados
400 g de grão-de-bico cozido
200 g de feijão cannellini ou branco cozido
150 ml de massa de tomate
2 ramos de alecrim fresco
Sal e pimenta-do-reino moída a gosto
200 g de macarrão conchinha
Queijo parmesão ralado na hora, para servir

Para o caldo de legumes

1 cebola cortada ao meio
7 cravos
3 talos de aipo
2 cenouras
2-3 alhos-porós
1 punhado de cascas de batata bem limpas
2 dentes de alho cortados ao meio
Azeite de oliva
3 folhas de louro frescas rasgadas
um punhado de salsinha com os talos

1 Primeiro, faça o caldo de legumes: espete os cravos nas metades da cebola e pique os outros legumes. Aqueça o azeite em uma panela grande e doure os legumes. Acrescente o restante dos ingredientes com água fria para cobrir. Tempere levemente. Deixe ferver, remova a espuma e deixe cozinhar em fogo baixo por 25-35 minutos.

2 No final deste tempo, aqueça o azeite em uma panela grande, acrescente os legumes picados delicadamente e cozinhe em fogo baixo, mexendo frequentemente, por 5-7 minutos. Adicione o grão-de-bico e o feijão cannellini, mexa bem e deixe cozinhar por 5 minutos. Acrescente a massa de tomate e 125ml de água. Cozinhe, mexendo, por 2-3 minutos. Acrescente 600ml do caldo de legumes peneirado, 1 ramo de alecrim e pimenta a gosto. Deixe ferver, tampe a panela e deixe cozinhar em fogo baixo, mexendo de vez em quando, por 1 hora.

3 Acrescente mais 1 litro de caldo de legumes peneirado e o macarrão. Deixe ferver, mexendo bem. Diminua o fogo e deixe cozinhar, mexendo de vez em quando, até que o macarrão esteja al dente, ou seja, macio, mas firme quando mordido, por 7-8 minutos. Experimente e corrija o tempero.

4 Remova o ramo de alecrim e sirva a sopa em tigelas aquecidas, cobertas com queijo parmesão ralado e folhas de alecrim fresco.

Sopa da fazenda

Rendimento: 4 a 6 porções

2 colheres de sopa de azeite de oliva
1 cebola picada grosseiramente
3 cenouras
175-200 g de nabo
175 g de couve-nabo
400 g de tomate picado enlatado
1 colher de sopa de purê de tomate
Um punhado de ervas frescas mistas (como alecrim, tomilho e salsinha)
1 colher de chá de orégano seco
Sal e pimenta-do-reino moída a gosto
1,5 litro de caldo de legumes (veja página 33) ou água
50 g de macarrão pequeno seco
400 g de feijão cannellini ou borlotti, enlatado ou cozido
1 punhado de salsinha, para servir
queijo parmesão ralado na hora, para servir

1 Aqueça o azeite em uma panela grande, acrescente a cebola e cozinhe em fogo baixo por cerca de 5 minutos até amolecer.

2 Corte todos os legumes frescos em pedaços grandes e acrescente-os aos tomates enlatados, purê de tomate, ervas frescas e orégano seco com sal e pimenta a gosto. Adicione o caldo de legumes ou água e deixe ferver. Mexa bem, e cozinhe em fogo baixo por 30 minutos, mexendo de vez em quando.

3 Acrescente o macarrão e deixe ferver mexendo. Cozinhe em fogo baixo sem cobrir, e mexendo frequentemente, até que o macarrão esteja al dente, ou seja, macio, mas firme quando mordido, cerca de 5 minutos.

4 Acrescente o feijão e aqueça por 2-3 minutos. Tire do fogo e acrescente a salsinha. Experimente a sopa e corrija o tempero.

5 Sirva em tigelas aquecidas, com queijo parmesão separado.

Sopa de macarrão e marisco

Rendimento: 4 a 6 porções

225 g de marisco
farinha de trigo
2 colheres de sopa de azeite de oliva
1 cebola picada
Folhas de 1 ramo de tomilho fresco, mais algumas para decoração
2 dentes de alho espremidos
5-6 folhas de louro rasgadas, mais algumas para decoração
½ colher de chá de flocos de pimenta
1 litro de caldo de peixe
350 ml de massa de tomate
1 colher de chá de açúcar
Sal e pimenta-do-reino moída a gosto
85 g de ervilhas frescas
65 g de macarrão pequeno seco

1 Mantenha os mariscos submersos em água com um pouco de farinha de trigo (isso ajuda a estufá-los e limpá-los). Descarte os mariscos que permanecerem abertos.

2 Aqueça o azeite em uma panela grande, acrescente a cebola e cozinhe por 5 minutos, até que amoleça (mas antes de ficar dourada). Adicione o tomilho, alho, manjericão, pimenta, caldo de peixe, massa de tomate e açúcar, juntamente com sal e pimenta a gosto. Deixe ferver, abaixe o fogo e deixe cozinhar, mexendo de vez em quando, por 15 minutos. Acrescente a ervilha e cozinhe por mais 5 minutos.

3 Acrescente o macarrão e deixe ferver novamente mexendo. Cozinhe em fogo baixo, mexendo frequentemente, até que o macarrão esteja al dente, ou seja, macio, mas firme quando mordido, cerca de 5 minutos.

4 Deixe o fogo no mínimo e acrescente os mariscos. Cozinhe por 5-7 minutos até eles se abrirem (descarte os que não se abrirem). Corrija o tempero.

5 Sirva ainda quente, decorado com folhas extras de tomilho e manjericão.

Se pressionado, você pode fazer uma versão bem respeitável deste prato com mariscos enlatados — mas procure os de marcas italianas e lave-os muito bem!

Qualquer peixe pode ser usado neste cozido. O peixe branco, como o hadoque, pode substituir o caranho, e eu já utilizei linguado e perca-do-mar.

Cozido de peixe da Sardenha

Rendimento: 4 a 6 porções

5 colheres de sopa de azeite de oliva
4 dentes de alho bem picados
½ pimenta vermelha fresca, sem sementes e bem picada
1 punhado grande de salsinha picada
1 caranho-vermelho, cerca de 450 g, limpo, sem cabeça ou rabo
1 tainha ou salmonete, cerca de 500 g, limpa, sem cabeça ou rabo
350-450 g de filé de bacalhau grosso
400 g de tomate picado enlatado
Sal e pimenta-do-reino moída a gosto
175 g de macarrão fregula, pastina ou pantaletti seco

1 Aqueça duas colheres do azeite de oliva em uma grande caçarola à prova de fogo. Acrescente o alho e a pimenta picada com metade da salsinha picada. Refogue em fogo médio, mexendo de vez em quando, por cerca de 5 minutos, tomando cuidado para não dourar o alho.

2 Corte todos os peixes em pedaços grandes, deixando a pele e osso no lugar (no caso do caranho e da tainha), acrescentado os pedaços na caçarola, à medida que você vai cortando. Coloque mais duas colheres de azeite em cima e frite por mais alguns minutos.

3 Adicione os tomates e encha a lata vazia com água. Despeje essa água na panela. Deixe ferver. Acrescente um pouco de sal e pimenta a gosto, diminua o fogo e cozinhe por 10 minutos, mexendo de vez em quando.

4 Acrescente o macarrão e cozinhe em fogo baixo por mais 5 minutos. Adicione 250ml de água e o restante do azeite. Cozinhe em fogo baixo por 15 minutos.

5 Se a sopa ficar muito grossa, acrescente mais água. Experimente e corrija o tempero. Sirva em tigelas aquecidas, salpique com o restante da salsinha.

Fregula, na verdade, é similar ao couscous, mas qualquer macarrão pequeno para sopas pode ser usado em seu lugar.

Macarrão no caldo de carne

Rendimento: 4 a 6 porções

450 g de ossos de carne (qualquer tipo ou uma mistura)
3 folhas de louro frescas
sal e pimenta-do-reino moída a gosto
2 tomates maduros
65 g de macarrão pequeno para sopa (como a gravatinha)
1 colher de sopa de azeite de oliva extravirgem
25 g de queijo parmesão ralado na hora
1 punhado de salsinha bem picada

1 Pré-aqueça o forno em 200 °C. Coloque os ossos em uma assadeira grande e asse no forno pré-aquecido por 25 minutos, até ganhar cor.

2 Coloque os ossos dourados em uma panela grande e cubra com água. Acrescente as folhas de louro e tempere com sal. Deixe ferver e formar bastante espuma. Cozinhe em fogo baixo por 40 minutos, removendo a espuma, se necessário. Coe o caldo.

3 Enquanto isso, coloque os tomates em uma tigela e cubra com água fervendo. Deixe cerca de 40 segundos e, depois, mergulhe-os em água fria. Com uma faca afiada, remova as peles e pique o tomate, jogando as sementes fora.

4 Acrescente os tomates no caldo coado e cozinhe por mais 2-3 minutos.

5 Acrescente o macarrão e cozinhe por 3-5 minutos, até ficar tenro. Tempere com sal e pimenta a gosto e adicione o azeite de oliva.

6 Sirva com queijo parmesão e salsinha salpicados.

Sopa de macarrão com ervilhas e fígado de frango

Rendimento: 4 a 6 porções

115 g de fígado de frango fresco
1 colher de sopa de azeite de oliva
Manteiga sem sal
4 dentes de alho espremidos
3 ramos de salsinha
3 ramos de manjerona
3 ramos de sálvia
Folhas de um ramo de tomilho fresco
Sal e pimenta-do-reino moída a gosto
1-2 colheres de sopa de vinho branco seco
1,2 litro de caldo de frango
4 batatas médias, descascadas e cortadas em cubo
225 g de ervilhas frescas descascadas
50 g de macarrão seco como gravata
1 punhado de manjericão

1 Limpe o fígado de frango, e corte-o em pedaços pequenos (é mais fácil fazer isso com tesoura). Pique as ervas.

2 Aqueça o azeite e a manteiga em uma frigideira, acrescente o alho e as ervas, juntamente com o sal e a pimenta a gosto. Refogue levemente por alguns minutos. Acrescente o fígado, aumente a temperatura do fogo para alta e refogue por alguns minutos, até que mude de cor e comece a secar. Despeje o vinho e cozinhe até ele evaporar. Tire do fogo, experimente e corrija o tempero.

3 Coloque o caldo de frango em uma panela grande com tempero e deixe ferver. Acrescente as batatas e ervilhas e cozinhe em fogo baixo por 5 minutos. Depois, acrescente o macarrão. Deixe a sopa ferver novamente mexendo, e cozinhe em fogo baixo, mexendo frequentemente, até que o macarrão esteja al dente, ou seja, macio, mas firme quando mordido, cerca de 5 minutos.

4 Acrescente o fígado e o manjericão, e aqueça, corrigindo o tempero, se necessário. Sirva em tigelas aquecidas.

CAPÍTULO 3

massas instantâneas

O macarrão é uma das comidas mais fáceis de cozinhar quando se está com pressa. Nos 10 minutos (aproximadamente) que levamos para cozinhar a maioria das massas secas, há muitos molhos maravilhosos que podem ser preparados. Alguns podem até ser preparados nos poucos minutos que a massa fresca leva para cozinhar e outros podem até ser feitos à mesa, literalmente. O segredo para curtir essa variedade de pratos é ter os ingredientes certos na sua despensa, como um bom azeite, tomates italianos enlatados, feijão cannelini ou borlotti enlatado, grão-de-bico e algumas latas de anchova, atum e marisco. Com um bom pedaço de parmesão na geladeira, juntamente com ovos, creme de leite e, possivelmente, bacon ou panceta, você consegue montar uma refeição de verdade. Algumas ervas frescas, como salsinha, cebolinha e manjericão, aumentam a mágica.

Espaguete com molho de tomate fresco

Rendimento: 2 porções

200 g de espaguete
Sal e pimenta-do-reino moída a gosto
6 tomates maduros
2 dentes de alho espremidos
3 colheres de sopa de azeite de oliva
50 g de queijo parmesão ralado na hora, e reserve mais um pouco para servir
1 punhado de folhas de manjericão rasgadas

1 Cozinhe o espaguete em uma panela grande com água fervendo e sal até estar al dente, ou seja, macio, mas firme quando mordido.

2 Enquanto isso, pique os tomates e coloque-os em uma tigela com alho, azeite de oliva, queijo parmesão, manjericão, sal e pimenta. Misture tudo.

3 Escorra o macarrão cozido e misture com o molho. Sirva imediatamente com mais queijo parmesão ralado, se desejar.

Macarrão com molho de tomate cru

RENDIMENTO: 4 PORÇÕES

350 g de macarrão de sua preferência

500 g de tomates maduros

1 punhado grande de folhas de manjericão frescas

5 colheres de sopa de azeite de oliva extravirgem

115 g de ricotta salata picada

1 dente de alho espremido

Sal e pimenta-do-reino moída a gosto

Queijo pecorino fatiado para servir

1 Cozinhe o espaguete em uma panela grande com água fervendo e sal até estar al dente, ou seja, macio, mas firme quando mordido.

2 Enquanto isso, pique os tomates grosseiramente, removendo o centro e as sementes. Rasgue as folhas de manjericão com as mãos.

3 Coloque todos os ingredientes, com exceção do queijo pecorino, em uma tigela com sal e pimenta a gosto e mexa bem. Se não estiver com pressa, pode-se cobrir a tigela e deixá-la em temperatura ambiente por 1-2 horas, para que os sabores se misturem. Obviamente, se fizer isso, não vai cozinhar o macarrão antes de o molho estar pronto.

4 Experimente o molho e corrija o tempero, se necessário. Depois, misture-o com o macarrão cozido e quente. Sirva imediatamente, com o queijo pecorino separado.

Ricotta salata é uma versão salgada e seca da ricota. Ela é mais dura que a ricota branca tradicional e pode ser esfarelada, picada ou ralada com facilidade. O queijo pecorino pode ser usado em seu lugar.

Espaguete com pimentão e tomate

Rendimento: 4 porções

375 g de espaguete
Sal e pimenta-do-reino moída a gosto
600 g de tomates maduros
½ dente de alho
1 pimentão vermelho sem sementes e fatiado
1 punhado de folhas de hortelã frescas
3 colheres de sopa de azeite de oliva extravirgem
1 punhado de folhas de manjericão frescas
50 g de queijo parmesão ralado na hora

1 Cozinhe o espaguete em uma panela grande com água fervendo e sal até estar al dente, ou seja, macio, mas firme quando mordido.

2 Enquanto isso, escalde os tomates com água fervendo e remova a pele. Corte-os ao meio e remova as sementes.

3 Coloque os tomates em um processador de alimentos com sal e pimenta a gosto, alho, pimentão vermelho e hortelã. Bata bem até que o molho fique liso e uniforme. Corrija o tempero, se necessário.

4 Escorra o espaguete e coloque-o de volta na panela. Acrescente o azeite extravirgem, o molho de tomate e o manjericão, misturando bem. Sirva com o queijo.

Fettuccine Alfredo com creme de leite e queijo

Rendimento: 4 porções

50 g de manteiga sem sal
200 ml de creme de leite
50 g de queijo parmesão ralado na hora, e reserve mais um pouco para servir
Sal e pimenta-do-reino moída a gosto
350 g de fettuccine ou talharim fresco

1 Derreta a manteiga em uma panela grande, acrescente o creme de leite e deixe chegar ao ponto de estar quase fervendo. Cozinhe em fogo baixo por 5 minutos, mexendo, e acrescente o parmesão, com sal e pimenta a gosto. Desligue o fogo.

2 Ferva uma panela grande com água e sal. Coloque todo o macarrão e deixe ferver rapidamente, mexendo de vez em quando. Cozinhe até estar al dente, por 2-3 minutos. Escorra bem.

3 Coloque a panela do molho em fogo baixo, acrescente o macarrão e misture até estar totalmente coberto pelo molho. Experimente para ver o tempero. Sirva imediatamente com queijo extra, se necessário.

Penne com favas e ricota

Rendimento: 4 porções

150 g de favas sem casca
200 g de penne
Sal e pimenta-do-reino moída a gosto
1 colher de sopa de azeite de oliva
1 dente de alho espremido
25 g de queijo pecorino ralado na hora
50 g de ricota
Cerca de 2 colheres de sopa de azeite de oliva extravirgem
Folhas de manjerona frescas, para decorar

1 Cozinhe as favas no vapor por 6 minutos, até ficarem moles.

2 Enquanto isso, cozinhe o penne em uma panela grande com água e sal por cerca de 10 minutos, até estar al dente, ou seja, macio, mas firme quando mordido.

3 Aqueça o azeite de oliva em uma panela e refogue o alho até ficar levemente dourado.

4 Escorra o macarrão e acrescente-o na panela com as favas, ricota e queijo pecorino, azeite extravirgem e sal e pimenta a gosto. Misture bem.

5 Sirva decorado com as folhas de manjerona.

Bucatini com abobrinha

Rendimento: 4 porções

375 g de bucatini
Sal e pimenta-do-reino moída a gosto
150 ml de azeite de oliva
450 g de abobrinhas pequenas
115 g de queijo parmesão ralado na hora, e reserve mais um pouco para servir
115 g de queijo provolone doce ralado na hora, e reserve mais um pouco para servir
50 g de manteiga sem sal cortada em pedaços
1 punhado de folhas de manjericão rasgadas
1 punhado de folhas de hortelã rasgadas
1 dente de alho espremido
2 colheres de sopa de azeite de oliva extravirgem

1 Cozinhe o bucatini em uma panela grande com água fervendo e sal até estar al dente, ou seja, macio, mas firme quando mordido.

2 Enquanto isso, aqueça o azeite de oliva em uma frigideira grande. Corte as abobrinhas em fatias finas e frite-as, um pouco por vez, no azeite quente, até ficarem douradas. Remova-as da frigideira e coloque tudo em uma tigela grande.

3 Acrescente os dois queijos, manteiga, manjericão e alho à tigela e tempere com sal e pimenta.

4 Escorra o macarrão cozido e misture bem com o conteúdo da tigela.

5 Sirva imediatamente, colocando o azeite extravirgem por cima, juntamente com o queijo extra, caso deseje.

Bucatini é o macarrão tipo espaguete, mais largo e com furo no meio, que ajuda a cozinhar mais rápido

Fettuccine com grão-de-bico

Rendimento: 4 porções

350 g de fettuccine
Sal e pimenta-do-reino moída a gosto
6 tomates saborosos ou 200 g de tomate-cereja
4 colheres de sopa de azeite de oliva
2 dentes de alho
1 punhado de salsinha picada
1 lata (400 g) de grão-de-bico, escorrido e passado na água
2 colheres de sopa de azeite de oliva extravirgem
queijo parmesão ralado na hora para servir
1 punhado de folhas de manjericão frescas e rasgadas para servir

1 Cozinhe o macarrão em uma panela grande com água fervendo e sal até estar al dente, ou seja, macio, mas firme quando mordido.

2 Enquanto isso, coloque os tomates em uma tigela e cubra com água fervendo. Deixe por cerca de 40 segundos e, depois, mergulhe-os em água fria. Com uma faca afiada, remova as peles e pique os tomates. Se estiver usando tomate-cereja, corte-os ao meio.

3 Aqueça o azeite em uma panela média e refogue lentamente o alho. Acrescente o tomate, a salsinha e o grão-de-bico, juntamente com sal e pimenta. Cubra e reserve.

4 Escorra o macarrão quando estiver pronto e coloque o azeite extravirgem e a mistura de grão-de-bico. Corrija o tempero, se necessário.

5 Sirva em tigelas aquecidas com lascas de queijo e folhas de manjericão.

Para uma versão com menos calorias, substitua o creme de leite por pão encharcado no leite e triture com as nozes no processador.

Macarrão conchinha com nozes e cogumelo

Rendimento: 4 porções

115 g de cogumelo selvagem seco, de preferência do tipo porcini
350 g de macarrão conchinha
Sal e pimenta-do-reino moída a gosto
85 g de nozes
1 punhado de folhas manjericão
2 ou 3 folhas de sálvia
200 g de creme de leite
1 dente de alho grande
25 g de manteiga sem sal
50 g de queijo parmesão ralado na hora

1 Mergulhe os cogumelos secos em água morna, de modo a cobri-los por 10 minutos.

2 Enquanto isso, cozinhe o macarrão em uma panela grande com água fervendo e sal até estar al dente, ou seja, macio, mas firme quando mordido.

3 Enquanto o macarrão cozinha, pique as nozes, rasgue as folhas de manjericão e pique a sálvia. Acrescente o creme de leite, tempere com sal e pimenta e misture tudo.

4 Esprema o alho. Escorra e seque os cogumelos. Pique os que forem muito grandes. Derreta a manteiga em uma frigideira, acrescente o alho e refogue levemente por 2-3 minutos. Acrescente os cogumelos e o molho de creme. Aqueça levemente.

5 Escorra o macarrão cozido e acrescente-o à mistura, mexendo bem. Sirva salpicado com queijo parmesão.

Macarrão gravata com creme de gorgonzola

Rendimento: 4 porções

350 g de macarrão gravata seco
Sal e pimenta-do-reino moída a gosto
175 g de queijo gorgonzola (em temperatura ambiente), sem a casca e cortado em pedaços bem pequenos
150 ml de creme de leite
pitada de açúcar
2 colheres de chá de sálvia fresca bem picada, mais folhas extras rasgadas para servir

1 Cozinhe o macarrão em uma panela grande com água fervendo e sal por 10 minutos, até estar al dente, ou seja, macia, mas firme quando mordido.

2 Escorra o macarrão cozido e coloque-o de volta na panela. Acrescente o gorgonzola, o creme de leite, o açúcar, bastante pimenta do reino e a sálvia. Coloque em fogo médio até o macarrão ficar coberto uniformemente. Experimente e corrija o tempero com mais sal, se necessário.

3 Divida o macarrão em 4 tigelas aquecidas. Decore cada uma com as folhas de sálvia frescas e sirva imediatamente.

Esse prato do norte dá ênfase ao sabor do gorgonzola. Você pode experimentar a variação "dolce", caso prefira um sabor mais leve.

Rigatoni com pinha e gorgonzola

Rendimento: 2 porções

65 g de brócolis

65 g de couve-flor

200 g de rigatoni

Sal e pimenta-do-reino moída a gosto

45 g de pinoli

2 colheres de sopa de azeite de oliva

1 cebola roxa picada

1 colher de chá de tomilho fresco picado

115 g de queijo gorgonzola

1 Cozinhe o brócolis e a couve-flor no vapor por cerca de 12 minutos, dependendo do tamanho, até ficarem moles.

2 Enquanto isso, cozinhe o rigatoni em uma panela grande com água fervendo e sal até estar al dente, ou seja, macio, mas firme quando mordido.

3 Neste mesmo instante, espalhe os pinoli em uma folha de papel alumínio e toste-as no forno, virando-as frequentemente.

4 Aqueça o azeite em uma panela e refogue a cebola até amolecer. Acrescente o tomilho, sal e pimenta.

5 Corte o queijo em cubos e acrescente à cebola, junto com os pinoli tostadas, o brócolis e a couve-flor.

6 Escorra o macarrão e coloque-o na mistura. Corrija o tempero, se necessário, e sirva.

Rigatoni é um macarrão em formato de tubo grande com estrias do lado de fora. O tamanho e formato favorecem o uso de molhos de sabor forte. O parafuso pode ser utilizado nesta receita.

Espaguete com tomate e panceta

Rendimento: 4 porções

350 g de tomates maduros
150 g de panceta picada
2 colheres de sopa de azeite de oliva
1 cebola picada
Sal e pimenta-do-reino moída a gosto
350 g de espaguete seco ou fresco
1 punhado de ramos de manjerona frescos com as folhas separadas
queijo pecorino e ralado na hora para servir

1 Pique os tomates maduros em pedaços grandes.

2 Coloque a panceta em uma panela média com o azeite. Mexa em fogo baixo até a gordura escorrer. Acrescente a cebola e mexa para misturar bem. Cozinhe em fogo baixo por 5 minutos, mexendo sempre.

3 Acrescente os tomates com sal e pimenta a gosto. Mexa bem e cozinhe por 7 minutos.

4 Enquanto isso, cozinhe o espaguete em uma panela grande com água fervendo e sal até estar al dente, ou seja, macio, mas firme quando mordido.

5 Tire o molho do fogo e acrescente a manjerona. Experimente e corrija o tempero, se necessário.

6 Escorra o macarrão e coloque em uma tigela aquecida para servir. Coloque o molho sobre o macarrão e mexa bem. Sirva imediatamente em tigelas aquecidas. Sirva o queijo pecorino ralado separadamente para que as pessoas coloquem a quantidade que desejarem.

É possível encontrar embalagens de panceta já picada na maioria dos supermercados. Ela pode ser substituída por bacon, mas o gosto do molho não será o mesmo.

Essa realmente é uma versão aprimorada do Espaguete à Carbonara, que recebeu esse nome em homenagem aos trabalhadores das minas de carvão romanas, que dizem terem inventado a receita.

Vermicelli com açafrão

Rendimento: 4 porções

350 g de macarrão vermicelli seco
Sal e pimenta-do-reino moída a gosto
uma boa pitada de açafrão
150 g de presunto cozido, cortado em tiras
200 ml de creme de leite
50 g de queijo parmesão ralado na hora, um pouco mais para servir
2 gemas

1 Cozinhe o macarrão em uma panela grande com água fervendo e sal até estar al dente, ou seja, mole, mas firme quando mordido.

2 Enquanto o macarrão cozinha, coloque o açafrão em uma panela, adicione 2 colheres de sopa de água e deixe ferver imediatamente. Tire a panela do fogo e deixe descansar.

3 Acrescente o presunto na panela que contém o açafrão e junte o creme de leite e o parmesão, com um pouco de sal e pimenta a gosto. Leve ao fogo baixo, mexendo sempre. Quando o creme começar a borbulhar, tire a panela do fogo e acrescente as gemas, batendo bem para misturar. Experimente e corrija o tempero, se necessário.

4 Adicione o vermicelli já escorrido, mexa bem e sirva em tigelas aquecidas, com um pouco de queijo extra, se desejar.

Espaguete com atum, panceta e cogumelo

Rendimento: 4 porções

25 g de cogumelo porcini seco
175 ml de água morna
2 colheres de sopa de azeite de oliva
1 dente de alho
85 g de panceta ou bacon sem pele, cortado em fatias de 5 mm
225 g de champignon picado
Sal e pimenta-do-reino moída a gosto
350 g de espaguete seco
200 g de atum enlatado (de preferência em azeite), escorrido

1 Coloque o cogumelo porcini em uma pequena tigela, despeje a água morna e deixe descansar por 15 minutos.

2 Enquanto isso, aqueça o azeite em uma panela grande, acrescente o alho e refogue-o em fogo baixo por 2 minutos, esmagando-o com uma colher de pau para liberar o sabor. Remova o alho e jogue-o fora. Acrescente a panceta ou bacon no azeite que ficou na panela e cozinhe por 3-4 minutos, mexendo de vez em quando.

3 Escorra os cogumelos porcini, guardando o líquido que sobrou, e pique-os bem fino.

4 Acrescente o porcini e o champignon na panela e cozinhe, mexendo por 1-2 minutos. Depois, acrescente 6 colheres de sopa do líquido onde estava o cogumelo. Tempere com sal e pimenta a gosto. Cozinhe em fogo baixo por 5 minutos.

5 Enquanto isso, cozinhe o macarrão em uma panela grande com água fervendo e sal até estar al dente, ou seja, macio, mas firme quando mordido, acrescentando o restante do líquido do cogumelo na água para cozinhar o macarrão.

6 Corte o atum enlatado em lascas e misture no molho do cogumelo. Experimente e corrija o tempero.

7 Escorra o macarrão já cozido e coloque-o em uma tigela aquecida para servir. Coloque o molho por cima, misture bem e sirva imediatamente.

Você pode substituir o atum enlatado por sardinha enlatada — ou até mesmo por atum fresco grelhado.

O melhor sabor vem das embalagens a vácuo das ovas de tainha fatiada, que são fáceis de ralar. Guarde as sobras embaladas na geladeira.

Macarrão com ovas de atum seco

Rendimento: 4 porções

350 g de macarrão
Sal e pimenta-do-reino moída a gosto
2 colheres de sopa de azeite de oliva
1 dente de alho fatiado
10 tomates-cereja cortados ao meio
½ copo de vinho branco seco
1 punhado de salsinha picada
2 colheres de sopa de azeite de oliva extravirgem
85 g de ovas de atum picadas, bem pequenas

Para o creme

2 dentes de alho
25 g de pinoli

1 Cozinhe o macarrão em uma panela grande com água fervendo e sal, por 10 minutos, até estar al dente, ou seja, mole, mas firme quando mordido.

2 Enquanto isso, faça o creme: usando um pilão, amasse os dentes de alho e os pinoli até formar um creme.

3 Em uma panela média, aqueça o azeite e acrescente o dente de alho fatiado, os tomates e o vinho. Refogue em fogo alto por 3 minutos até que o vinho tenha sido absorvido.

4 Escorra o macarrão quando estiver pronto e misture a salsinha, o azeite de oliva extravirgem e as ovas de atum. Acrescente o molho de tomate e misture novamente.

5 Coloque o creme por cima e sirva imediatamente.

Embora este prato seja adequado para a firmeza do macarrão, você também pode fazer uma versão dele com espaguete e cobri-lo com alho curtido no azeite no lugar do creme.

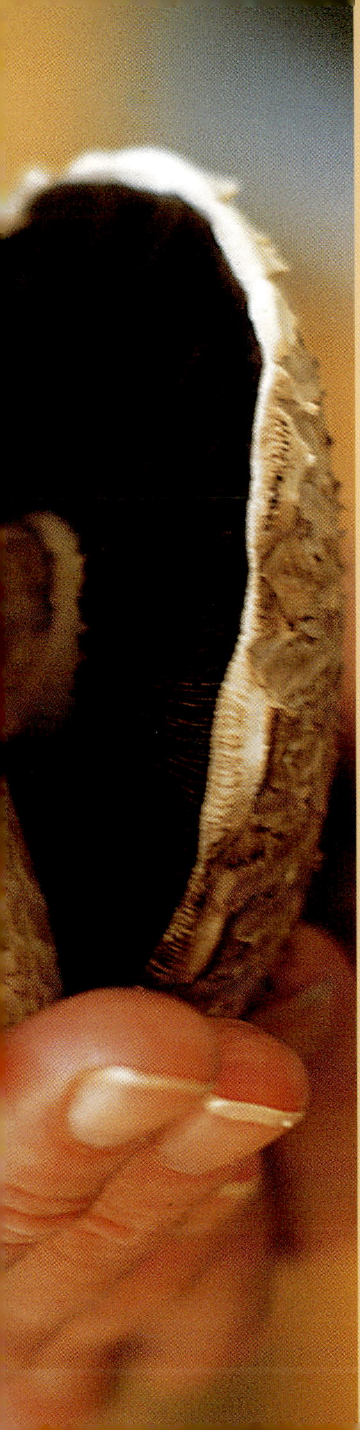

CAPÍTULO 4

massas
dia a dia

Conforme eu já disse várias vezes neste livro, assim como a maioria dos italianos, eu não considero que tenha tido um dia normal a menos que tenha comido pelo menos um prato de massa. A massa do dia a dia é a refeição da família, utilizando ingredientes menos caros, como os legumes da época e sementes comestíveis. Os ingredientes que dão sabor, como as pimentas e os cogumelos porcini sempre aparecem, já que rendem bastante e são econômicos. Não poupe quando for comprar o melhor e mais saboroso azeite, manteiga ou queijo — além de, claro, a boa e saborosa massa (italiana)!

Macarrão com ervilha

Rendimento: 2 porções

2 colheres de sopa de azeite de oliva
1 cebola pequena picada
175 g de ervilhas frescas
600 ml de caldo de legumes, de preferência caseiro
150 g de pappardelle
Sal e pimenta-do-reino moída a gosto
1 punhado de folhas de manjericão frescas e rasgadas
Bastante queijo parmesão ralado na hora

1 Aqueça o azeite em uma panela média, acrescente a cebola e refogue até amaciocer.

2 Acrescente as ervilhas e o caldo de legumes e cozinhe por 10 minutos, até que as ervilhas fiquem macios.

3 Acrescente o macarrão, quebrado em pedaços, com sal e pimenta a gosto. Cozinhe por cerca de 12 minutos até estar al dente, ou seja, macia, mas firme quando mordido (ele vai absorver parte do caldo).

4 Sirva salpicado com manjericão e queijo parmesão.

Para comer este prato em sua melhor forma, utilize ervilhas da época, que são doces e macias.

Macarrão com molho de legumes verdes

Rendimento: 4 porções

2 cenouras
1 abobrinha
85 g de vagem
1 alho-poró pequeno
2 tomates maduros
1 punhado de salsinha
350 g de macarrão de sua preferência
Sal e pimenta-do-reino moída a gosto
25 g de manteiga
3 colheres de sopa de azeite de oliva extravirgem
½ colher de chá de açúcar
115 g de ervilhas frescas

1 Corte as cenouras e a abobrinha em cubos pequenos. Tire as pontas da vagem e corte em pedaços de 2 cm de comprimento. Corte o alho-poró em fatias bem finas. Descasque e corte os tomates em cubos. Pique a salsinha e reserve.

2 Cozinhe o macarrão em uma panela grande com água fervendo e sal até estar al dente, ou seja, macio, mas firme quando mordido.

3 Derreta a manteiga com o azeite em uma panela média. Quando a mistura começar a fritar, acrescente o alho-poró e a cenoura. Polvilhe o açúcar por cima e refogue, mexendo com frequência, por cerca de 5 minutos.

4 Acrescente a abobrinha, a vagem, a ervilha e bastante sal e pimenta. Tampe a panela e cozinhe em fogo baixo-médio por 5-8 minutos, mexendo de vez em quando, até os legumes ficarem macios.

5 Acrescente a salsinha e os tomates picados. Corrija o tempero, se necessário. Sirva imediatamente, misturado com o macarrão que acabou de cozinhar.

Espaguete com cogumelo

Rendimento: 4 porções

15 g de cogumelo porcini seco
175 ml de água morna
3 colheres de sopa de azeite de oliva
2 dentes de alho bem picados
1 punhado de salsinha picada grosseiramente
2 pedaços grandes de tomate seco no azeite de oliva em fatias finas
125 ml de vinho branco seco
225 g de cogumelo portobelo em fatias finas
450 ml de caldo de legumes
350 g de espaguete
Sal e pimenta-do-reino moída a gosto
1 punhado de rúcula e salsinha misturadas e picadas, para decorar

1 Coloque os cogumelos porcini secos em uma tigela, adicione a água morna e deixe-os mergulhados por 15-20 minutos. Passe por uma peneira bem fina e esprema o porcini com suas mãos para liberar o máximo possível do líquido. Reserve o líquido. Pique o cogumelo porcini bem fino.

2 Aqueça o azeite e refogue o alho, a salsinha, o tomate seco e o cogumelo porcini em fogo baixo por cerca de 5 minutos, mexendo sempre.

3 Acrescente o vinho, deixe ferver em fogo baixo por alguns minutos até reduzir metade de seu volume. Acrescente o cogumelo portobelo. Adicione o caldo de legumes e deixe cozinhar em fogo baixo, descoberto, por 15-20 minutos, até que o líquido tenha reduzido e o molho esteja consistente.

4 Enquanto o molho ferve, cozinhe o macarrão em bastante água fervendo e sal até estar al dente, ou seja, macio, mas firme quando mordido.

5 Experimente o molho de cogumelo e corrija o tempero, se necessário. Escorra o macarrão, reserve um pouco do líquido do cozimento e coloque-o em uma grande tigela aquecida. Acrescente o molho de cogumelo e misture bem, deixando o molho menos grosso (se necessário) acrescentando um pouco da água de cozimento do macarrão.

6 Sirva imediatamente, salpicado com a rúcula e salsinha picadas.

Para transformar este prato em um prato para ocasiões especiais, utilize uma mistura de cogumelos selvagens, como o porcini fresco, chanterelle e morchella.

Macarrão com brócolis e couve-flor

Rendimento: 4 porções

175 g de couve-flor, em pequenos ramos
Sal e pimenta-do-reino moída a gosto
175 g de brócolis em pequenos ramos
350 g de macarrão de tamanho pequeno
3 colheres de sopa de azeite de oliva
1 cebola picada
3 colheres de sopa de pinoli
1 boa pitada de açafrão em pó, dissolvida em 1 colher de sopa de água morna
1 colher de sopa de uva passa (opcional)
2 colheres de sopa de massa de tomate seco
4 anchovas marinadas, picadas, e reserve mais um pouco para servir (opcional)

1 Cozinhe a couve-flor em uma panela grande com água fervendo e sal por 3 minutos. Adicione o brócolis e cozinhe os dois juntos por mais 2 minutos. Remova os legumes da panela com uma escumadeira e reserve.

2 Acrescente o macarrão na água que usou para cozinhar os legumes e deixe ferver novamente. Cozinhe-o até estar al dente, ou seja, macio, mas firme quando mordido.

3 Enquanto isso, aqueça o azeite de oliva em uma frigideira ou panela grande, acrescente a cebola bem picada e cozinhe em fogo baixo-médio por 2-3 minutos, mexendo com frequência, até ficar levemente dourada.

4 Acrescente os pinoli, o brócolis e a couve-flor cozidos, água com açafrão, a uva passa (opcional), a pasta de tomate seco e algumas conchas cheias da água que cozinhou o macarrão, até que a mistura de legume ganhe consistência de molho. Por fim, tempere com bastante pimenta. Mexa bem.

5 Cozinhe por 1-2 minutos e acrescente as anchovas picadas.

6 Escorra o macarrão e coloque-o na mistura com os legumes. Misture bem, experimente e corrija o tempero, se necessário.

7 Sirva imediatamente. Se quiser, acrescente 1-2 anchovas inteiras por cima na hora de servir.

Rigatoni estilo camponês

Rendimento: 4 porções

350 g de rigatoni ou macarrão de outro formato
Sal e pimenta-do-reino moída a gosto
2 abobrinhas verdes
1 cebola roxa
1 talo de aipo
8 azeitonas sem caroço
4 tomates secos
115 g de queijo gorgonzola
3 colheres de sopa de azeite de oliva
1 dente de alho espremido
1 copo de vinho branco
1 punhado de folhas de manjericão frescas
Queijo parmesão ralado na hora para servir

1 Cozinhe o macarrão em uma panela grande com água fervendo e sal, por cerca de 10 minutos, até estar al dente, ou seja, macio, mas firme quando mordido.

2 Enquanto o macarrão cozinha, pique a abobrinha em estilo julienne. Pique a cebola e o aipo bem pequenos. Pique as azeitonas e os tomates. Corte o queijo gorgonzola em pequenos cubos.

3 Cozinhe as tiras de abobrinha por 2 minutos no vapor.

4 Em uma panela média, aqueça o azeite e refogue a cebola por 5 minutos, até ficar macio. Acrescente o aipo, o alho e o vinho e cozinhe em fogo baixo por 6 minutos.

5 Acrescente a abobrinha, a azeitona, o tomate, o queijo, o manjericão, sal e pimenta a gosto e misture tudo.

6 Escorra o macarrão cozido e acrescente ao molho. Misture tudo. Corrija o tempero e sirva imediatamente com queijo parmesão.

O Rigatoni é o macarrão em tubos grandes com estrias do lado externo. Seu tamanho e formato favorecem o uso de molhos saborosos.

Este molho normalmente é servido com massa branca básica. O vermelho, verde e branco o torna tricolor (as cores da bandeira italiana).

Talharim verde com molho de ervilha fresca

Rendimento: 4 porções

1 colher de sopa de azeite de oliva
5-6 fatias de bacon (sem pele), cortadas em tiras
400 g de tomate maduro picado
Sal e pimenta-do-reino moída a gosto
350 g de talharim verde seco
225 g de ervilhas, de preferência fresca e sem casca ou congelada
50 g de queijo mascarpone
folhas de manjericão rasgadas, e mais folhas inteiras para decorar
queijo parmesão fresco ralado

1 Aqueça o azeite em uma panela média e acrescente o bacon. Cozinhe em fogo baixo por 5-7 minutos, mexendo com frequência.

2 Acrescente os tomates e 4 colheres de sopa de água com sal e pimenta a gosto. Deixe ferver, abaixe o fogo, tampe a panela e cozinhe em fogo baixo por 15 minutos, mexendo de vez em quando.

3 Enquanto isso, cozinhe o macarrão em uma panela grande com água fervendo e sal até estar al dente, ou seja, macio, mas firme quando mordido.

4 Acrescente as ervilhas ao molho de tomate, mexa bem até misturar tudo e deixe ferver. Cubra a panela e cozinhe por 5-8 minutos, até que as ervilhas estejam cozidas e o molho, bem consistente. Experimente e corrija o tempero, se necessário.

5 Desligue o fogo da panela e acrescente o mascarpone e o manjericão. Misture bem. Tampe a panela e deixe descansar por 1-2 minutos.

6 Escorra o macarrão e coloque-o em uma tigela aquecida. Coloque o molho por cima e misture bem.

7 Sirva imediatamente, decorado com folhas de manjericão. Sirva o queijo parmesão separado.

Brandelli com berinjela e abobrinha

Rendimento: 4 porções

200 g de berinjela
Sal e pimenta-do-reino moída a gosto
350 g de brandelli
2 cenouras médias
2 abobrinhas pequenas
1 cebola grande
4 colheres de sopa de azeite de oliva
2 dentes de alho espremidos
1 colher de sopa de alecrim fresco picado
100 ml de vinho tinto seco
85 g de queijo pecorino ralado na hora

1 Descasque a berinjela e pique-a para ficar igual a um palito de fósforo. Coloque em uma tigela e salpique com sal. Coloque um prato por cima para fazer peso. Reserve por 20 minutos.

2 Quando os 20 minutos estiverem acabando, cozinhe o macarrão em uma panela grande com água fervendo e sal, por cerca de 12 minutos, até estar al dente, ou seja, macio, mas firme quando mordido.

3 Enquanto o macarrão cozinha, corte as cenouras e as abobrinhas para ficarem iguais a palitos de fósforo. Pique bem a cebola. Enxague a berinjela fatiada e dê uns tapinhas para secar.

4 Aqueça o azeite em uma panela, acrescente a cenoura, a abobrinha e a berinjela já picadas. Frite até dourar. Acrescente a cebola e refogue até ganhar cor, depois adicione o alho e o alecrim. Abaixe o fogo e acrescente o vinho, com sal e pimenta a gosto. Cozinhe em fogo baixo, com a tampa, por 5 minutos.

5 Escorra o macarrão cozido e misture-o com o molho, de modo que fique totalmente coberto. Sirva salpicado com o queijo pecorino.

Se você não conseguir encontrar brandelli, pode substituí-lo por pappardelle.

Conchas de macarrão gigantes recheadas

Rendimento: 2 porções

12 conchas de macarrão gigantes
Sal e pimenta-do-reino moída a gosto
350 g de brócolis
50 g de pinoli
225 g de queijo dolcelatte
1 dente de alho espremido
1 punhado de cebolinhas cortadas na hora
azeite de oliva extravirgem
Queijo parmesão ralado na hora para servir

1 Cozinhe as conchas de macarrão em uma panela grande com água fervendo e sal, por cerca de 10 minutos, até estar al dente, ou seja, macio, mas firme quando mordido.

2 Enquanto o macarrão cozinha, cozinhe o brócolis no vapor por cerca de 8 minutos, até ficar macio.

3 Toste as pinolis em um pedaço de papel alumínio na grelha, virando-as com frequência.

4 Coloque o brócolis cozido, o dolcelatte, os pinoli, o alho e a cebolinha em uma tigela. Tempere com sal e pimenta a gosto e misture tudo.

5 Escorra o macarrão e coloque um pouco de azeite para evitar que as conchas grudem umas nas outras. Enquanto ainda estiverem quentes, preencha-as com o recheio que preparou.

6 Coloque as conchas recheadas em uma assadeira rasa e untada, salpicada com parmesão, e grelhe até começar a borbulhar. Sirva imediatamente.

Estas conchas de macarrão grandes favorecem uma ampla variedade de recheios — experimente pimentão e tomate assado ou presunto e cogumelo com queijo.

Experimente este prato com abóbora assada. Substitua a salsinha e orégano por folhas de sálvia frescas.

Conchinha com legumes assados

Rendimento: 4 porções

1 pimentão vermelho, sem sementes e cortado em quadrados de 1 cm
1 pimentão amarelo, sem sementes e cortado em quadrados de 1 cm
1 beringela pequena cortada em cubos
2 abobrinhas cortadas em cubos
5 colheres de sopa de azeite de oliva extravirgem
1 punhado de salsinha fresca picada
1 colher de chá de orégano
Sal e pimenta-do-reino moída a gosto
250 g de tomates-cereja cortados ao meio
2 dentes de alho picados grosseiramente
350 g de macarrão conchinha
Folhas de manjerona ou orégano, para decorar

1 Pré-aqueça o forno a 190ºC. Lave os pimentões, a berinjela e as abobrinhas picados em água corrente. Escorra bem e faça uma camada com eles em uma assadeira.

2 Coloque 3 colheres de sopa de azeite de oliva sobre os legumes e salpique as ervas frescas e secas. Tempere e mexa bem. Asse por cerca de 30 minutos, mexendo 2 ou 3 vezes.

3 Misture os tomates cortados ao meio e o alho picado na mistura de legumes e asse por mais 20 minutos, mexendo 1 ou 2 vezes.

4 Enquanto isso, cozinhe o macarrão em uma panela grande com água fervendo e sal até estar al dente, ou seja, macio, mas firme quando mordido.

5 Escorra o macarrão cozido e coloque-o em uma tigela aquecida. Acrescente os legumes assados e o azeite remanescente. Mexa bem.

6 Sirva o macarrão com legumes em tigelas aquecidas, salpicando cada porção com algumas das folhas de manjerona ou orégano, se tiver.

Rigatoni com alho, pimenta e cogumelo

Rendimento: 4 porções

2 cabeças de alho inteiras, mais 1 dente extra espremido

2 colheres de sopa de azeite de oliva, e mais um pouco para jogar por cima

1 pimenta vermelha

300 g de cogumelos lisos

350 g de rigatoni

Sal e pimenta-do-reino moída a gosto

Queijo parmesão ralado na hora para servir

1 Pré-aqueça o forno a 200ºC. Remova o topo das cabeças de alho e coloque em uma assadeira. Jogue um pouco de azeite por cima e asse no forno por 30 minutos, virando após 15 minutos. Elas ficarão douradas e semelhantes a papel por fora. Deixe esfriar um pouco.

2 Pique a pimenta em pedaços bem pequenos, removendo as sementes. Pique os cogumelos. Aqueça o azeite em uma frigideira, acrescente os cogumelos e refogue por 8 minutos. Acrescente a pimenta e o alho espremido e cozinhe por mais 4 minutos.

3 Enquanto isso, cozinhe o macarrão em uma panela grande com água fervendo e sal até estar al dente, ou seja, macio, mas firme quando mordido.

4 Enquanto o macarrão estiver cozinhando, esprema os dentes de alho assados, como se fosse um tubo de pasta de dente, para extrair a polpa do alho de cada dente. Acrescente a polpa à mistura do cogumelo. Mexa o creme e adicione sal e pimenta.

5 Escorra o macarrão cozido e coloque-o sobre o molho. Sirva com queijo.

O alho assado propicia um sabor totalmente diferente e muito mais elaborado.

Espaguete com anchovas e azeitonas

Rendimento: 4 porções

3 colheres de sopa de azeite de oliva
1 pimentão vermelho grande sem sementes e picado
1 berinjela pequena bem picada
1 cebola bem picada
8 tomates maduros, sem pele, sem sementes e bem picados
2 dentes de alho picados
125 ml de vinho tinto seco
1 punhado de manjericão, salsinha e alecrim, misturados
Sal e pimenta-do-reino moída a gosto
350 g de espaguete seco
50 g de anchovas enlatadas, picadas, e mais um pouco para decorar
12 azeitonas pretas sem caroço
1-2 colheres de sopa de alcaparras a gosto

1 Aqueça o azeite em uma panela e acrescente os legumes bem picados e o alho. Cozinhe em fogo baixo por 10-15 minutos, mexendo com frequência, até que os legumes fiquem macios.

2 Despeje o vinho e 125 ml de água. Acrescente as ervas frescas e a pimenta a gosto. Deixe ferver. Abaixe o fogo e cozinhe por 10-15 minutos, mexendo de vez em quando.

3 Enquanto isso, cozinhe o macarrão em uma panela grande com água fervendo e sal até estar al dente, ou seja, macio, mas firme quando mordido.

4 Acrescente as anchovas picadas, azeitonas e alcaparras ao molho. Aqueça por alguns minutos, experimente e corrija o tempero, se necessário.

5 Escorra o macarrão e coloque-o em uma tigela aquecida. Coloque o molho sobre o macarrão, misture bem e sirva imediatamente, decorado com anchovas inteiras.

Macarrão chitarra com sardinha e farelo de pão

Rendimento: 4 porções

8 filés de sardinha
4 colheres de sopa de azeite de oliva
Sal e pimenta-do-reino moída a gosto
400 g de macarrão chitarra
2 dentes de alho espremidos
2 punhados de ervas frescas, como salsinha, manjericão, tomilho, e mais salsinha para decorar
115 g de farelo de pão tostado

1 Pré-aqueça a grelha em intensidade média. Pincele as sardinhas com 2 colheres de sopa de azeite e tempere. Grelhe por 8 minutos de cada lado e deixe esfriar.

2 Cozinhe o macarrão em uma panela grande com água fervendo e sal até estar al dente, ou seja, macio, mas firme quando mordido.

3 Aqueça o azeite remanescente em uma panela pequena, adicione o alho e refogue de leve, tomando cuidado para não deixá-lo escurecer. Desmanche os filés de sardinha, quando estiverem frios, e acrescente as ervas no macarrão. Misture bem e adicione o farelo.

4 Sirva imediatamente em tigelas aquecidas, cobertas com salsinha para decorar.

O macarrão chitarra é parecido com o espaguete, mas é quadrado ao invés de redondo. Você pode substituí-lo por espaguete ou linguine.

Massa em pacotinhos com atum e batata

Rendimento: 4 porções

250 g de filé de atum, picado em cubos de 2 cm
1 copo de vinho branco
2 dentes de alho picados
Raspas da casca de 1 limão
2 ramos de alecrim quebrado em pedaços
Sal e pimenta-do-reino moída a gosto
8 batatas sem casca e cortadas em cubos pequenos
12 tomates maduros sem sementes e picados
1 punhado de salsinha picada, e mais um pouco para servir
350 g de espaguete
2 colheres de sopa de azeite de oliva

1 Coloque o atum em uma tigela com o vinho, o alho, as raspas de limão, o alecrim e um pouco de tempero. Deixe marinar por 30 minutos. Pré-aqueça o forno em 200°C.

2 Quando o tempo de marinar o atum estiver se esgotando, cozinhe os cubos de batata em água fervendo com sal por 6 minutos, até ficar macia, e escorra. Misture com o tomate e a salsinha.

3 Na mesma hora, pré-cozinhe o espaguete (utilize metade do tempo sugerido na embalagem). Escorra bem.

4 Em uma frigideira grande, aqueça o azeite até ficar quente, acrescente o atum com o molho onde foi marinado e refogue bem rápido por 6 minutos.

5 Misture o conteúdo da frigideira com o espaguete, tomate e batata. Prepare quatro pacotinhos com papel vegetal, acrescente um quarto da mistura em cada um e dobre de maneira frouxa como se fosse um envelope. Dobre as pontas e dobre até o topo para fechá-lo completamente.

6 Coloque no forno pré-aquecido por 7 minutos. Sirva imediatamente, abrindo os pacotinhos na mesa e salpicando mais salsinha.

Em vez de frango, experimente usar fígado de frango bem cortado.

Gravata com frango e tomate-cereja

Rendimento: 4 porções

350 g de filé de peito de frango, sem pele, cortados em pedaços pequenos
4 colheres de sopa de vermute italiano seco
2 colheres de chá de alecrim fresco, mais 4 ramos para decorar
Sal e pimenta-do-reino moída a gosto
1 colher de sopa de azeite de oliva
1 cebola bem picada
85 g de salame italiano picado
275 g de macarrão gravata seco
1 colher de sopa de vinagre balsâmico
400 g de tomate-cereja enlatado
1 pitada de pimenta vermelha seca em pó

1 Coloque os pedaços de frango em uma tigela grande, despeje o vermute seco e salpique metade do alecrim picado, com sal e pimenta a gosto. Mexa bem e reserve.

2 Aqueça o azeite em uma panela grande, acrescente a cebola e o salame e refogue em fogo médio por cerca de 5 minutos, mexendo com frequência.

3 Enquanto isso, cozinhe o macarrão em uma panela grande com água fervendo e sal até estar al dente, ou seja, macio, mas firme quando mordido.

4 Acrescente o frango e o vermute à cebola e salame, aumente o fogo e refogue por 3 minutos ou até o frango ficar branco em todos os lados. Coloque o vinagre por cima do frango. Acrescente o tomate-cereja e a pimenta seca, mexa bem e cozinhe em fogo baixo por alguns minutos. Experimente o molho e corrija o tempero, se necessário.

5 Escorra o macarrão e coloque-o no molho. Acrescente o restante do alecrim picado e misture bem o macarrão com o molho. Sirva imediatamente, em tigelas aquecidas e decoradas com ramos de alecrim.

Penne com frango, brócolis e queijo

Rendimento: 4 porções

115 g de brócolis, divididos em pequenos buquês
Sal e pimenta-do-reino moída a gosto
50 g de manteiga sem sal
2 filés de peito de frango sem pele cortados em tiras finas
2 dentes de alho espremidos
400 g de penne seco
125 ml de vinho branco seco
200 ml de creme de leite
85 g de queijo gorgonzola, sem casca e cortado em pequenos cubos
queijo parmesão ralado na hora para servir

1 Mergulhe o brócolis em uma panela com água fervendo e sal. Deixe ferver novamente por cerca de 2 minutos e, então, escorra o brócolis em um escorredor, jogando água fria logo em seguida. Mexa bem para remover a água excedente e deixe de lado até secar completamente.

2 Derreta a manteiga em uma panela grande, acrescente o frango e o alho com sal e pimenta a gosto e mexa bem. Refogue em fogo médio por 3 minutos ou até o frango ficar branco.

3 Enquanto isso, cozinhe o macarrão em uma panela grande com água fervendo e sal até estar al dente, ou seja, macio, mas firme quando mordido.

4 Despeje o vinho e o creme de leite sobre a mistura do frango na panela e mexa bem para misturar tudo. Cozinhe em fogo baixo por 5 minutos, mexendo de vez em quando, até o molho reduzir um pouco e ficar mais consistente. Acrescente o brócolis, aumente a temperatura do fogo e misture para aquecer tudo por igual. Experimente e corrija o tempero, se necessário.

5 Escorra o macarrão e coloque-o no molho. Acrescente o gorgonzola e misture bem. Sirva com parmesão ralado.

Se quiser um prato ainda mais substancial, tente acrescentar panceta fatiada e sálvia fresca picada ao frango.

Eliche com linguiça e chicória

Rendimento: 4 porções

2 colheres de sopa de azeite de oliva
1 cebola bem picada
200 g de linguiça de porco italiana pura
175 ml de massa de tomate
6 colheres de sopa de vinho seco branco
Sal e pimenta-do-reino moída a gosto
350 g de macarrão eliche seco
50 g de folhas de chicória

1 Aqueça o azeite em uma panela grande e funda, acrescente a cebola picada e cozinhe em fogo baixo por 5 minutos, mexendo de vez em quando.

2 Corte a linguiça em pedaços pequenos e acrescente à panela. Mexa bem para misturar tudo e continue a fritar a mistura, aumentando a temperatura do fogo, se necessário, até que a linguiça esteja completamente dourada.

3 Acrescente a massa de tomate, coloque o vinho, sal e pimenta a gosto. Cozinhe em fogo baixo por 10-12 minutos, mexendo de vez em quando.

4 Enquanto isso, cozinhe o macarrão em uma panela grande com água fervendo e sal até estar al dente, ou seja, macio, mas firme quando mordido.

5 Antes de escorrer o macarrão, adicione uma ou duas conchas da água do cozimento ao molho da linguiça e mexa bem. Experimente o molho e corrija o tempero, se necessário. Fatie a chicória bem fina.

6 Escorra o macarrão cozido e coloque-o na panela do molho da linguiça. Acrescente a chicória e mexa até misturar tudo. Sirva imediatamente.

Eliche é um macarrão em espiral, parecido com rosca de parafuso. Como alternativa, você pode usar o parafuso.

Bucatini com linguiça e panceta

Rendimento: 4 porções

115 g de linguiça de porco
400 g de tomate italiano enlatado
1 colher de sopa de azeite de oliva
1 dente de alho espremido
115 g de panceta ou bacon sem pele picado
1 punhado de salsinha fresca picada
Sal e pimenta-do-reino moída a gosto
400 g de bucatini seco
4-5 colheres de sopa de creme de leite
2 gemas

1 Remova a pele da linguiça e corte a carne com uma faca. Faça um purê com os tomates no processador ou liquidificador.

2 Aqueça o azeite em uma panela média, acrescente o alho e refogue em fogo baixo por 1-2 minutos. Remova o alho com uma escumadeira e jogue-o fora.

3 Acrescente a carne da linguiça e a panceta ou bacon à panela e cozinhe em fogo médio por 3-4 minutos. Mexa constantemente com uma colher de madeira para quebrar os pedaços de carne — eles ficarão dourados e farelentos.

4 Acrescente o purê de tomate com metade da salsinha, além de sal e pimenta a gosto. Mexa bem e deixe ferver, raspando qualquer coisa que grude no fundo da panela. Abaixe o fogo, cubra e deixe cozinhar por 20 minutos, mexendo de vez em quando. Experimente e corrija o tempero, se necessário.

5 Enquanto isso, cozinhe o macarrão em uma panela grande com água fervendo e sal até estar al dente, ou seja, macio, mas firme quando mordido.

6 Coloque o creme de leite e as gemas em uma tigela grande aquecida e misture com um garfo. Tempere com sal e pimenta. Assim que o macarrão estiver pronto, escorra bem e coloque-o na tigela com a mistura do creme de leite. Misture até o macarrão ficar coberto e, então, coloque o molho da linguiça por cima. Misture tudo novamente.

7 Sirva imediatamente em tigelas aquecidas, salpicadas com a salsinha que sobrou.

Para maior autenticidade, tente encontrar **salsiccia a metro**, uma linguiça de porco pura vendida por metro em boas lojas italianas.

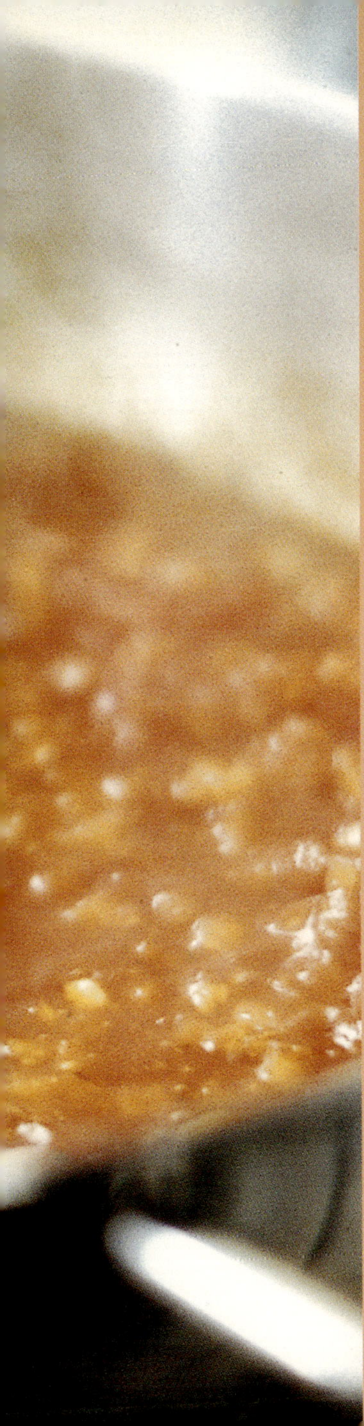

CAPÍTULO 5

massas leves & saudáveis

A pasta em si tem alto teor de carboidratos complexos e baixo teor de gordura. São os molhos que acabam introduzindo os altos níveis de gordura aos pratos. Além disso, a gordura primária dos molhos das massas normalmente vem dos azeites de oliva saudáveis. Como verá neste capítulo, você pode incluir mais alimentos que contenham produtos químicos das plantas e que sejam bons para você, como brócolis e — claro — tomate, que ajudam a proteger contra o câncer e doenças cardíacas.

Espaguete com tomates pequenos

Rendimento: 2 porções

450 g de tomates-cereja

3 dentes de alho grandes cortados em pedaços

Sal e pimenta-do-reino moída a gosto

200 g de espaguete

1 pimenta malagueta pequena sem sementes e picada (opcional)

1 colher de sopa de azeite de oliva para a pimenta, se necessário

1 punhado de manjericão fresco rasgado

2 colheres de sopa de azeite de oliva extravirgem

Queijo parmesão ralado na hora para servir

1 Pré-aqueça o forno a 150ºC. Corte os tomates ao meio e coloque em uma assadeira. Coloque um pedacinho de alho em cima de cada metade e uma pitadinha de sal. Asse por 01h15min até ficar seco, mas macio.

2 Cozinhe o macarrão em uma panela grande com água fervendo e sal, por cerca de 10 minutos, até estar al dente, ou seja, macio, mas firme quando mordido. Se for usar a pimenta, refogue-a no azeite até ganhar cor e tire do fogo.

3 Escorra o macarrão e misture os tomates, a pimenta, o manjericão e o azeite extravirgem, com sal e pimenta a gosto.

4 Sirva salpicado com queijo parmesão.

A última pessoa a ser servida é sempre a mais sortuda, já que fica com a maior parte do molho.

Conchinha com erva-doce e molho de tomate

Rendimento: 4 porções

2 bulbos médios de erva-doce
3 colheres de sopa de azeite de oliva
1 dente de alho
400 g de tomate enlatado picado
raspas da casca de 1 limão
1 punhado de hortelã picada
350 g de macarrão conchinha
Sal e pimenta-do-reino moída a gosto
Queijo parmesão ralado na hora para servir

1 Pré-aqueça o forno a 200 °C.

2 Remova as folhas externas mais duras e o centro do bulbo de erva-doce e lave bem. Corte ao comprido e cozinhe no vapor ou água fervendo por 7-8 minutos, até ficar macia. Transfira para uma assadeira e jogue uma colher de azeite por cima. Asse por 15 minutos até ficar dourada.

3 Enquanto isso, esprema o dente de alho. Aqueça o restante do azeite em uma panela, acrescente o alho e refogue de leve até amolecer. Acrescente o tomate, as raspas de limão e a hortelã picada. Cozinhe em fogo baixo por 25 minutos.

4 Quando estiver quase pronto, cozinhe o macarrão em uma panela grande com água fervendo e sal até estar al dente, ou seja, macio, mas firme quando mordido.

5 Pique a erva-doce assada em pedaços pequenos e acrescente ao molho. Tempere bem com sal e pimenta e leve ao fogo até aquecer.

6 Escorra o macarrão e misture com o molho. Sirva quente, com bastante queijo parmesão ralado.

Macarrão Vesúvio

Rendimento: 2 porções

4 tomates
200 g de fettuccine
Sal e pimenta-do-reino moída a gosto
25 g de azeitonas pretas ou verdes sem caroço
25 g de alcaparras bem lavadas
1 colher de sopa de azeite de oliva
1 dente de alho espremido
½ pimenta seca, sem semente e picada
1 punhado de salsinha picada mais ramos inteiros para decorar
1 punhado de hortelã fresca picada mais ramos inteiros para decorar
2 colheres de sopa de queijo mascarpone ou creme de leite
2 colheres de chá de queijo parmesão ralado na hora

1 Coloque os tomates em uma tigela, cubra com água fervendo por cerca de 40 segundos e depois mergulhe em água fria. Com uma faca afiada, retire a pele e pique o tomate, jogando as sementes fora.

2 Cozinhe o macarrão em uma panela grande com água fervendo e sal, por cerca de 10 minutos, até estar al dente, ou seja, macio, mas firme quando mordido.

3 Enquanto isso, pique muito bem as azeitonas e alcaparras. Aqueça o azeite em uma panela e refogue o alho até ficar macio. Acrescente as azeitonas, as alcaparras, o tomate, a pimenta, a salsinha e a hortelã e refogue em fogo baixo por 5 minutos. Acrescente o queijo mascarpone. Tempere com sal e pimenta a gosto.

4 Escorra o macarrão, coloque-o na panela e misture com o queijo parmesão. Decore com os ramos de hortelã fresca e salsinha, e sirva.

Se for uma ocasião especial, quando você não estiver tão preocupado com gorduras e calorias, acrescente um pouco de creme de leite grosso depois do mascarpone.

Trenette com pesto, vagem e batata

Rendimento: 2 porções

2 batatas (cerca de 250 g)
100 g de vagem
Sal e pimenta-do-reino moída a gosto
350 g de trenette seco

Para o pesto

1 punhado grande de folhas de manjericão frescas
2 dentes de alho em fatias finas
1 ½ colher de sopa de pinoli
3 colheres de sopa de queijo parmesão ralado na hora e reserve mais um pouco para servir
2 colheres de sopa de queijo pecorino ralado na hora
4 colheres de sopa de azeite de oliva extravirgem
1 pitada de sal

1 Primeiro, faça o pesto: coloque as folhas de manjericão, o alho, os pinoli e os queijos em um processador e bata por 5 segundos. Adicione metade do azeite e uma pitada de sal e processe por mais 5 segundos. Desligue o processador, tire a tampa e raspe o lado da tigela. Acrescente o azeite remanescente e processe por mais 5-10 segundos.

2 Corte as batatas ao meio, ao comprido, e depois corte cada metade em fatias transversais de 5mm de espessura. Corte as vagens em pedaços de 2 cm. Mergulhe as batatas e as vagens em uma panela grande de água fervendo com sal, sem tampa, por 5 minutos.

3 Acrescente o macarrão, deixe ferver novamente, mexa bem e cozinhe por 5-7 minutos, até estar "al dente", ou seja, macio, mas firme quando mordido.

4 Enquanto isso, coloque o pesto em uma tigela grande e acrescente 3-4 colheres de sopa da água usada no cozimento do macarrão. Misture bem.

5 Escorra o macarrão e os legumes, acrescente-os ao pesto e mexa bem. Sirva imediatamente em pratos aquecidos com queijo parmesão e pecorino separadamente.

Trenette é o macarrão liguriano tradicional servido com pesto. Se você não conseguir encontrá-lo, utilize linguine ou bavette.

Alguns dos melhores brócolis são cultivados no sul da Itália, daí, seu outro nome, calabrese — da Calábria.

Macarrão com brócolis

Rendimento: 2 porções

200 g de ditali (macarrão curto)
Sal e pimenta-do-reino moída a gosto
375 g de brócolis
2-4 folhas de louro
50 g de azeitona verde sem caroço
2 colheres de sopa de azeite de oliva
1 dente de alho bem picado
50 g de amêndoa triturada
3 colheres de sopa de farelo de pão tostado
azeite de oliva extravirgem para servir
Queijo parmesão ralado na hora para servir

1 Cozinhe o macarrão em uma panela grande com água fervendo e sal, por cerca de 10 minutos, até estar al dente, ou seja, macio, mas firme quando mordido.

2 Enquanto o macarrão cozinha, corte o brócolis em ramos e cozinhe no vapor com as folhas de louro por 6 minutos, até ficar macio.

3 Enquanto o macarrão e o brócolis cozinham, pique as azeitonas em pedaços bem pequenos. Aqueça o azeite e o alho em uma frigideira, acrescente as azeitonas e amêndoas e aqueça suavemente, acrescentando uma colher de sopa de água.

4 Escorra o macarrão cozido, misture com o brócolis, a mistura de azeitona e amêndoa e o farelo de pão. Mexa bem para misturar tudo. Jogue um pouco de azeite extravirgem por cima e sirva com queijo parmesão ralado.

Orecchiette com rúcula

Rendimento: 4 porções

3 colheres de sopa de azeite de oliva
1 cebola pequena bem picada
350 g de tomate picado ou massa de tomate
½ colher de chá de orégano seco
1 pitada de pimenta em pó
aproximadamente 2 colheres de sopa de vinho branco (opcional)
Sal e pimenta-do-reino moída a gosto
350 g de orecchiette seco
2 dentes de alho bem picados
150 g de folhas de rúcula, sem os talos e com as folhas rasgadas
45 g de ricota
Queijo pecorino ralado na hora para servir

1 Aqueça 1 colher de sopa de azeite de oliva em uma panela média, acrescente metade da cebola bem picada e cozinhe em fogo baixo, mexendo com frequência, por 5 minutos ou até ficar macia. Acrescente o tomate, o orégano e a pimenta, coloque o vinho (se for usá-lo) e tempere com sal e pimenta a gosto. Tampe a panela e cozinhe em fogo baixo, por cerca de 15 minutos, mexendo de vez em quando.

2 Enquanto isso, cozinhe o macarrão em uma panela grande com água fervendo e sal, por cerca de 15 minutos, até estar al dente, ou seja, macio, mas firme quando mordido.

3 Aqueça o azeite remanescente em uma panela grande, acrescente o restante da cebola e do alho. Refogue por 2-3 minutos, mexendo de vez em quando. Acrescente a rúcula, leve ao fogo e mexa bem por 2 minutos, até ela murchar. Depois, misture o molho de tomate e a ricota. Mexa bem.

4 Escorra o macarrão, coloque-o na panela do molho e mexa para misturar bem. Experimente e corrija o tempero, se necessário. Sirva imediatamente em tigelas aquecidas com queijo pecorino separadamente.

O orecchiette (pequenas orelhas), de Apúlia, é um tipo especial de macarrão com textura mastigável. Você pode substituí-lo por conchinha.

Se você não conseguir encontrar nabiça, pode usar acelga ou espinafre.

Linguine com mariscos e nabiça

Rendimento: 4 porções

625 g de amêijoa boa ou mexilhão
um pouco de farinha de trigo
2 colheres de sopa de azeite de oliva
2 alhos-porós em fatias finas
2 folhas de louro frescas
1 dente de alho espremido
200 ml de vinho branco seco
Sal e pimenta-do-reino moída a gosto
350 g de linguine
350 g de nabiça bem picada
3 colheres de sopa de salsinha picada grosseiramente

1 Deixe os mariscos submersos na água com um pouco de farinha de trigo (isso ajuda a estufá-los e separá-los da sujeira). Descarte os que se abrirem e que você não conseguir fechar.

2 Aqueça o azeite em uma panela grande, acrescente o alho-poró e as folhas de louro, e refogue em fogo alto até que o alho-poró ganhe cor. Acrescente o alho e o vinho, com sal e pimenta a gosto, e os mariscos escorridos. Tampe a panela e cozinhe em fogo médio-alto por cerca de 6 minutos, até que todos os mariscos se abram (descarte os que não se abrirem).

3 Enquanto isso, cozinhe o linguine em uma panela grande com água fervendo e sal até estar al dente, ou seja, macio, mas firme quando mordido. Escorra.

4 Remova a tampa da panela com os mariscos e acrescente a nabiça ou a acelga ou espinafre. Mexa. Acrescente o linguine já escorrido e a salsinha. Misture bem, corrigindo o tempero. Sirva imediatamente.

Penne com camarão e alcachofra

Rendimento: 4 porções

Suco de 1 limão

4 alcachofras pequenas, de preferência com talos bem longos

3 colheres de sopa de azeite de oliva

2 dentes de alho espremidos

1 punhado de hortelã fresca picada

1 punhado de salsinha fresca picada

Sal e pimenta-do-reino moída a gosto

350 g de penne seco

16 camarões VG ou VM cozidos, de preferência com a casca do rabo

2 colheres de sopa de azeite de oliva extravirgem

1 Deixe uma panela grande pronta com água fria e o suco de limão. Para preparar as alcachofras, corte grande parte dos talos e corte as pontas das folhas. Descasque e descarte as folhas externas duras e descoloridas. Corte as alcachofras ao comprido em quatro pedaços e remova as partes peludas do centro. Coloque os pedaços de alcachofra na panela com a água e o limão para evitar que fiquem escuras. Deixe ferver e cozinhe em fogo baixo por 10 minutos.

2 Escorra os pedaços de alcachofra e seque-os. Aqueça o azeite de oliva em uma frigideira antiaderente e acrescente a alcachofra, o alho espremido e metade da hortelã e da salsinha. Tempere com sal e pimenta a gosto e cozinhe em fogo baixo por 3-4 minutos, mexendo com frequência, até que a alcachofra fique tenra.

3 Enquanto isso, cozinhe o macarrão em uma panela grande com água fervendo e sal até estar al dente, ou seja, macio, mas firme quando mordido. Escorra.

4 Acrescente o camarão junto com a alcachofra e mexa bem para misturar tudo. Aqueça em fogo baixo por 2 minutos.

5 Escorra o macarrão cozido e coloque-o em uma tigela aquecida. Jogue um pouco de azeite extravirgem por cima, coloque a mistura de alcachofra sobre o macarrão e misture.

6 Sirva imediatamente, salpicado com o que sobrou da salsinha e da hortelã.

Orecchiette com anchovas e brócolis

Rendimento: 4 porções

350 g de buquês de brócolis
Sal e pimenta-do-reino moída a gosto
25 g de pinoli
350 g de orecchiette seco
2 colheres de sopa de azeite de oliva
1 cebola roxa pequena em fatias finas
50 g de anchovas em conserva no azeite, sem o azeite
1 dente de alho espremido
25 g de queijo pecorino ralado na hora

1 Quebre os buquês de brócolis em pedaços menores e remova os talos. Pique ou fatie ou talos grandes. Cozinhe os buquês de brócolis e os talos em uma panela com água fervendo e sal, durante 2 minutos. Escorra e jogue água fria por cima. Deixa escorrer no papel-toalha.

2 Coloque os pinoli em uma frigideira antiaderente seca e mexa em fogo baixo-médio por 1-2 minutos, até que elas estejam tostadas. Retire do fogo e reserve.

3 Cozinhe o macarrão em uma panela grande com água fervendo e sal até estar al dente, ou seja, macio, mas firme quando mordido.

4 Enquanto isso, aqueça o azeite em uma frigideira, acrescente a cebola e refogue-a em fogo baixo cerca de 5 minutos, mexendo com frequência. Acrescente as anchovas, depois o alho, e cozinhe em fogo médio até que as anchovas se desmanchem e virem uma pasta. Acrescente o brócolis e bastante pimenta-do-reino. Mexa, enquanto estiver no fogo, por 1-2 minutos até que o brócolis fique quente. Experimente e corrija o tempero, se necessário.

5 Escorra o macarrão e coloque-o em uma tigela aquecida. Acrescente a mistura do brócolis e o pecorino ralado. Misture bem. Salpique os pinoli e sirva imediatamente em tigelas aquecidas.

O orecchiette (pequenas orelhas), de Apúlia, é um tipo especial de macarrão com textura mastigável. Você pode substituí-lo por conchinha.

Bucatini com sardinha e erva-doce

Rendimento: 4 porções

375 g de bucatini

Para o molho

1 cebola bem picada

2 dentes de alho sem casca e espremidos

3 colheres de sopa de azeite de oliva

1 punhado de folhas de erva-doce bem picadas

400 g de tomate maduro picado

1 colher de sobremesa de groselha

100 g de pinoli

1 colher de chá de pimenta em pó

Sal

500 g de filé de sardinha fresca lavado

Para a cobertura

100 g de farelo de pão fresco

2 colheres de sopa de azeite de oliva

4 tomates maduros sem sementes e picados

1 dente de alho sem casca e espremido

1 pitada de pimenta em pó

1 punhado de folhas de salsinha picadas

1 Primeiro, faça o molho: doure a cebola e o alho no azeite de oliva. Acrescente a erva-doce, o tomate, a groselha, os pinoli, a pimenta e um pouco de sal. Cozinhe em fogo baixo por 30 minutos, mexendo de vez em quando. Acrescente a sardinha e cozinhe por mais 12 minutos, até que elas se partam.

2 Enquanto isso, faça a cobertura: toste os farelos de pão em uma frigideira, misturando com o azeite, o tomate, o alho, o sal e apimenta. Mexa constantemente, sem deixar que eles se queimem, até que estejam dourados e crocantes. Salpique a salsinha.

3 Cozinhe o macarrão em uma panela grande com água fervendo e sal até estar al dente, ou seja, macio, mas firme quando mordido.

4 Escorra o macarrão, reservando uma concha cheia da água do cozimento. Despeje metade do molho na panela. Acrescente o macarrão e mexa até cobrir tudo. Coloque em um refratário para servir e cubra com o restante do molho, acrescentando a água de cozimento que você reservou antes caso necessário. Sirva imediatamente com a cobertura de farelo.

Bucatini é o macarrão comprido e oco, como se fosse um espaguete mais grosso.

Em vez de lula e ervilha, experimente acrescentar pedaços de legumes assados, como abobrinha, pimentão ou berinjela, ao molho de tomate.

Torta de macarrão com lula & ervilha

Rendimento: 4 a 6 porções

350 g de rigatoni ou conchinha secos
Aproximadamente 6 lulas médias preparadas
Raspas da casca e suco de 1 limão
200 g de ervilhas frescas
2 colheres de sopa de farelo de pão

Para o molho de tomate

2 colheres de sopa de azeite de oliva
1 cebola pequena bem picada
400 g de tomate maduro picado
1 colher de sopa de pasta de tomate seco
Punhado de ervas frescas picadas (sálvia, tomilho, alecrim e salsinha)
Sal e pimenta-do-reino moída a gosto

Para o molho branco

25 g de manteiga sem sal
25 g de farinha de trigo italiana "00" ou farinha de trigo comum
600 ml de leite desnatado
1 ovo

1 Primeiro, faça o molho de tomate: aqueça o azeite em uma panela grande e cozinhe a cebola em fogo baixo, mexendo, até ficar macio. Acrescente o tomate e encha a lata vazia com água. Acrescente essa água à mistura do tomate, juntamente com a pasta de tomate seco e as ervas. Adicione sal e pimenta a gosto. Cozinhe em fogo baixo por 20 minutos.

2 Enquanto isso, pré-aqueça o forno a 190ºC. Cozinhe o macarrão em uma panela grande com água fervendo e sal até estar al dente, ou seja, macio, mas firme quando mordido.

3 Enquanto isso, faça o molho branco. Derreta a manteiga em uma panela, acrescente a farinha e cozinhe por 1 minuto, mexendo bem. Acrescente o leite aos poucos, mexendo bem após cada adição. Deixe ferver e cozinhe, mexendo, até que o molho esteja uniforme e grosso. Tempere a gosto e tire a panela do fogo.

4 Corte a lula em rodelas e refogue no azeite quente por 4 minutos. Escorra o macarrão e coloque-o em um refratário que possa ser levado ao forno. Acrescente a lula, o suco e as raspas de limão e as ervilhas ao molho de tomate. Corrija o tempero e coloque no refratário. Misture com o macarrão.

5 Bata o ovo no molho branco e coloque o molho por cima da mistura do macarrão. Separe o macarrão com um garfo para que o molho branco preencha os vazios. Nivele a superfície, salpique com farelo de pão e asse por 15 minutos, até dourar e borbulhar.

CAPÍTULO 6

massas preparadas com antecedência

Para pessoas ocupadas ou aquelas que têm família grande, é sempre útil poder fazer molhos de macarrão frescos e saborosos, como o tradicional pesto liguriano e suas variações não tão tradicionais, mas igualmente reforçadas, com antecedência, quando há tempo para tal. Além disso, quando você tem um pouquinho a mais de tempo, você pode criar algumas das massas recheadas e assadas, como ravióli, lasanha e canelone. Muitos deles são bem melhores se feitos com antecedência, já que os sabores têm a chance de se misturar e melhorar.

Quadradinhos de massa com pesto

Rendimento: 2 porções

Para a massa

200 g de farinha crua branca, de preferência italiana "00"
1 pitada de sal
2 ovos grandes
1 colher de sopa de azeite de oliva

Para o pesto

1 dente de alho espremido
25 g de pinoli
1 pitada de sal
2 colheres de sopa de queijo parmesão ralado na hora e mais um pouco para servir
50 g de folhas de manjericão
5 colheres de sopa de azeite de oliva extravirgem

1 Faça a massa como descrito nas páginas 10-13 e deixe descansar em um lugar fresco por 30 minutos.

2 Abra a massa com um rolo e passe na máquina (veja as páginas 14-17). Como alternativa, você pode dividir a massa em pedaços que sejam fáceis de manusear e cobrir os pedaços que não vai utilizar no momento. Pegue cada um dos pedaços e, com a palma da mão, pressione bem. Com a ajuda de um rolo comprido e fino e um pouco de farinha, abra a massa, deixando-a a mais fina possível. Deixe secar em um guardanapo limpo por 30 minutos. Corte a massa em quadrados de 15 cm.

3 Faça o pesto: usando um pilão, esprema o alho, os pinoli e o sal. Acrescente o queijo e o manjericão e continue triturando. Acrescente o azeite, aos poucos, e triture tudo até obter uma pasta homogênea.

4 Cozinhe metade dos quadrados de massa em água fervendo com sal por 7 minutos, até estar al dente, ou seja, macio, mas firme quando mordido. Escorra e misture a massa com um pouco do molho. Sirva quente com o parmesão ralado. Cozinhe e sirva o restante da mesma maneira.

Já que é bem básica, você pode servir esta massa com outras ideias de pesto que estão nas páginas seguintes.

Tortellini com ricota

Rendimento: 6 porções

Para a massa

600 g de farinha crua branca, de preferência italiana "00"
1 pitada de sal
6 ovos grandes
1 colher de sopa de azeite de oliva
semolina para salpicar

Para o recheio

150 g de queijo parmesão ralado na hora
150 g de ricota
50 g de condimento de trufa (uma pasta de trufa moída, às vezes com porcini)
Sal e pimenta-do-reino moída a gosto

Para finalizar

manteiga sem sal
folhas de manjericão frescas
queijo parmesão ralado na hora

1 Faça a massa como descrito nas páginas 10-13 e deixe descansar em um lugar fresco por 30 minutos.

2 Faça o recheio: misture o queijo parmesão, a ricota e o condimento de trufa com sal e pimenta a gosto.

3 Abra a massa com um rolo e passe na máquina (veja as páginas 14-17). Como alternativa, você pode dividir a massa em pedaços que sejam fáceis de manusear e cobrir os pedaços que não vai utilizar no momento. Pegue cada um dos pedaços e, com a palma da mão, pressione bem. Com a ajuda de um rolo comprido e fino e um pouco de farinha, abra a massa até ficar uniforme e fina como uma folha de papel, salpicando um pouco de semolina na superfície. Corte a massa em quadrados de 10 cm.

4 Coloque uma colher de chá de recheio no centro de cada quadrado. Umedeça as bordas com água e dobre uma das pontas, para formar um triângulo, certificando-se de não deixar a massa cheia de ar. Pressione as bordas e junte as pontas do triângulo umas às outras, para formar um círculo. Coloque o tortellini em assadeiras, salpique com semolina e deixe secar por 1 hora.

5 Coloque o tortellini em uma panela grande com água fervendo e sal e espere ferver novamente. Abaixe o fogo e cozinhe por 4-5 minutos até estar al dente, ou seja, macio, mas firme quando mordido. Escorra e sirva, coberto com um pouco de manteiga e decorado com as folhas de manjericão. Sirva o queijo parmesão separado.

Esse molho é muito bom com as massas, mas também é excelente para temperar saladas ou legumes que acabaram de ser cozidos ao vapor.

Pesto de pimentão vermelho com penne rigate

Rendimento: 6 porções

500 g de penne rigate (a versão estriada do penne)
folhas de manjericão frescas para decorar

Para o pesto

4 pimentões vermelhos médios
65 g de amêndoa moída
Raspas da casca de 1 limão
4 colheres de sopa de azeite de oliva extravirgem, e mais um pouco para finalizar
1 dente de alho descascado
2 colheres de chá de vinagre balsâmico
50 g de queijo parmesão ralado na hora
Sal e pimenta-do-reino moída a gosto

1 Para fazer o pesto: pré-aqueça o forno a 200°C. Coloque os pimentões em uma assadeira e asse no forno pré-aquecido por 25 minutos, virando uma vez enquanto cozinham. Eles devem ficar tostados e murchos. Tire do fogo e deixe esfriar. Isso pode ser feito no dia anterior, caso prefira.

2 Quando os pimentões estiverem frios, remova a pele e as sementes. Tente guardar o suco precioso dos pimentões segurando-os em cima de uma tigela enquanto faz isso.

3 Coloque a polpa e o suco dos pimentões, juntamente com todos os outros ingredientes, em um processador e bata até ficar homogêneo e grosso. Experimente e corrija o tempero, se necessário.

4 Cozinhe o macarrão em uma panela grande com água fervendo e sal até estar al dente, ou seja, macio, mas firme quando mordido. Escorra e misture a massa com o molho, decorando com as folhas de manjericão.

Pansotti com queijo, ervas e molho de nozes

Rendimento: 6 a 8 porções

½ da quantidade da massa com ovos (páginas 10-13)
1 punhado de salsinha picada, mais alguns ramos para servir
1 punhado bem pequeno de tomilho picado
Farinha para polvilhar
50 g de manteiga sem sal
Queijo parmesão ralado na hora para servir

Para o recheio

250 g de ricota
150 g de queijo parmesão ralado na hora
1 punhado grande de folhas de manjericão e salsinha frescas bem picadas
Alguns ramos de manjerona ou orégano frescos, apenas as folhas bem picadas
1 dente de alho espremido
1 ovo pequeno
Sal e pimenta-do-reino moída a gosto

Para o molho de nozes

90 g de nozes frescas sem casca
1 dente de alho
4 colheres de sopa de azeite de oliva extravirgem
125 ml de creme de leite

1 Faça a massa como descrito nas páginas 10-13, mas acrescente as ervas quando misturar os ingredientes. Deixe descansar em um lugar fresco por 30 minutos.

2 Faça o recheio: coloque a ricota, o parmesão, as ervas, o alho e o ovo em uma tigela, com sal e pimenta a gosto, e bata bem até misturar tudo.

3 Para fazer o molho, coloque as nozes, o alho e o azeite, com sal e pimenta a gosto, em um processador e bata até formar uma pasta, acrescentando até 125 ml de água morna para diminuir a consistência. Transfira a mistura para uma tigela grande e acrescente o creme de leite. Bata bem para misturar tudo e corrija o tempero, se necessário.

4 Usando a máquina de massa, abra um quarto da massa em uma tira de 90-100 cm. Corte esta tira em pedaços de 45-50 cm de comprimento (você pode fazer isso enquanto abre a massa, caso as tiras fiquem muito grandes e difíceis de manusear).

5 Usando um cortador de ravióli de 5 cm, corte 8-10 quadrados de uma das tiras de massas. Com uma colher de chá, coloque o recheio no meio de cada quadrado. Passe um pouco de água nas bordas

de cada quadrado e dobre os quadrados em sentido diagonal, ao meio, para formar um triângulo, certificando-se de não deixar a massa cheia de ar. Aperte bem para fechar. Espalhe os pansottis em um pano de prato limpo com um pouco de farinha de trigo e polvilhe com mais farinha por cima. Deixe secar, enquanto repete o procedimento com o restante da massa, fazendo entre 64-80 pansottis ao todo.

6 Coloque o pansotti em uma panela grande com água fervendo e sal e espere ferver novamente. Abaixe o fogo e cozinhe por 4-5 minutos.

7 Enquanto isso, coloque o molho de nozes em uma tigela grande e aquecida e acrescente uma concha da água utilizada no cozimento da massa para deixá-lo menos consistente. Em uma panela pequena, derreta a manteiga até começar a borbulhar. Escorra a massa e coloque-a na tigela com o molho de nozes. Jogue a manteiga por cima. Misture bem e salpique o parmesão ralado por cima.

8 Sirva imediatamente, com mais queijo parmesão ralado servido separadamente.

Em Ligúria, a massa para a versão deles do ravióli, o pansotti, tem um toque de vinho branco e ervas frescas da região.

Você pode usar o molho bolonhesa (página 164) em vez do bechamel.

Canelone com fava e ricota

Rendimento: 6 porções

Para a massa

150 g de farinha de trigo italiana "00"
150 g de semolina fina, e mais um pouco para salpicar
1 pitada de sal
2 ovos grandes
1 colher de sopa de azeite de oliva

Para o recheio

1 kg de favas em vagem, com as sementes fora da vagem
350 g de ricota
115 g de queijo pecorino, ralado, e mais um pouco para servir
1 dente de alho grande espremido
1 punhado de hortelã picada
Sal e pimenta-do-reino moída a gosto

Para o molho bechamel

600 ml de leite
2 fatias de cebola
1 folha de louro
1 pitada de noz moscada
3 ramos de salsinha picado
5 grãos de pimenta preta
50 g de manteiga
45 g de farinha de trigo
150 ml de vinho branco seco

1 Para fazer a massa, junte a farinha e semolina em um monte em cima da sua superfície de trabalho. Jogue o sal por cima e mexa bem. Faça um buraco no meio e quebre os ovos. Acrescente o azeite, com bastante cuidado e paciência, e gradualmente misture os ovos e azeite com a farinha, até obter uma massa homogênea. Faça uma bola e cubra com uma toalha ou filme plástico, deixando descansar enquanto prepara o recheio.

2 Para fazer o recheio, cozinhe as favas em água fervendo ou no vapor, por cerca de 10 minutos, até ficarem macias. Escorra e deixe esfriar. Depois de fria, coloque metade em um processador e pulse, deixando um pouco de textura. Acrescente a ricota, o pecorino, o alho e a hortelã, com sal e pimenta a gosto. Acrescente o restante das favas e misture bem com uma colher de pau.

3 Abra a massa bem fina como se fosse um wafer e corte em quadrados de 8 cm. Salpique um pouquinho de semolina por cima e deixe secar em uma assadeira por 10-15 minutos.

4 Quando a massa estiver quase seca, cozinhe os quadrados em água fervendo e sal até estar al dente, ou seja, macio, mas firme quando mordido. Pré-aqueça o forno a 200°C.

5 Para fazer o bechamel: coloque o leite em uma panela com as fatias de cebola, a folha de louro, noz moscada, salsinha e pimenta. Aqueça em fogo médio-baixo e deixe cozinhar, removendo do fogo e deixando descansar por 8-10 minutos.

6 Derreta 25 g de manteiga em uma panela, misture a farinha e continue mexendo, no fogo, por 1 minuto. Tire do fogo, peneire a mistura do leite e acrescente mexendo bem. Leve a panela de volta ao fogo e mexa continuamente até ferver. Acrescente o restante da manteiga e cozinhe em fogo baixo por 3 minutos. Experimente.

7 Em cada quadrado de massa, espalhe uma colher de sopa do recheio de fava e enrole como se fosse um cilindro. Espalhe metade do molho bechamel em uma caçarola ou refratário, coloque os canelones recheados um ao lado do outro e cubra com o restante do molho. Salpique com queijo pecorino ralado e asse no forno por 15 minutos. Sirva imediatamente.

Esses raviólis são bons aperitivos para festas, principalmente com um patê a base de molho de tomate.

Ravióli frito

Rendimento: 6 porções

Para a massa

300 g de farinha crua branca ou farinha de trigo comum
1 pitada de sal
50 g de manteiga sem sal
1 ovo com clara e gema separadas, mais 1 gema extra
azeite de soja para fritar

Para o recheio

115 g de queijo gruyère
85 g de rúcula fresca bem picada
40 g de queijo parmesão ralado na hora
1 ovo batido
1 punhado de salsinha bem picada
Sal e pimenta-do-reino moída a gosto

1 Para fazer a massa, peneire a farinha e o sal em cima da sua superfície de trabalho. Faça um buraco no meio. Corte a manteiga em pequenos cubos e acrescente junto com as gemas. Amasse até obter uma massa lisa, acrescentando um pouco de água morna, se necessário.

2 Para fazer o recheio, rale o gruyère e coloque-o em uma tigela com a rúcula, o parmesão, o ovo batido, a salsinha e sal e pimenta a gosto. Misture tudo muito bem.

3 Achate a massa com um rolo e abra como se fosse uma folha de 5 mm de espessura. Corte em círculos de 12,5 cm. Divida o recheio nos círculos, colocando-o no centro deles. Bata levemente a clara. Pincele as bordas dos círculos com a clara e, depois, dobre a massa sobre o recheio para fechá-la completamente, certificando-se de não haver ar dentro. Aperte as bordas para fechar.

4 Aqueça o azeite a 190°C em uma panela funda e coloque o ravióli, um pouco de cada vez, fritando até ficar dourado. Seque em papel-toalha enquanto o restante é frito. Sirva quente.

Experimente fritar as folhas de sálvia até ficarem crocantes antes de colocá-las por cima do tortellini.

Tortellini com manteiga e sálvia

Para a massa

200 g de farinha crua branca, de preferência italiana 00, e mais um pouco para polvilhar
1 pitada de sal
2 ovos grandes
1 colher de sopa de azeite de oliva

Para o recheio

100 g de ricota
50 g de queijo fontina
50 g de queijo parmesão ralado na hora
1 ovo batido
1 pitada de noz moscada ralada
1 punhado de folhas de sálvia frescas bem picadas

Para finalizar

50 g de manteiga sem sal
1 punhado de folhas de sálvia frescas
queijo parmesão ralado na hora

1 Faça a massa como descrito nas páginas 10-13 e deixe descansar em um lugar fresco por 30 minutos. Misture todos os ingredientes do recheio e bata bem.

2 Abra a massa com um rolo e passe na máquina (veja as páginas 14-17). Como alternativa, você pode dividir a massa em pedaços que sejam fáceis de manusear e cobrir os pedaços que não vai utilizar no momento. Pegue cada um dos pedaços e, com a palma da mão, pressione bem. Com a ajuda de um rolo comprido e fino e um pouco de farinha, abra a massa, deixando-a tão fina quanto uma folha de papel. Corte a massa em círculos de 5 cm de diâmetro. Coloque pequenas colheres cheias de recheio em um dos lados do círculo, umedeça as bordas e dobre a massa por cima do recheio, formando uma meia-lua (não se preocupe, as duas bordas não vão ficar certinhas), certificando-se de não haver muito ar antes de fechar. Enrole o triângulo em um dos seus dedos indicadores, juntando as duas pontas de baixo, e pressione para fechar. Deixe secar um pouco em uma assadeira polvilhada com farinha.

3 Coloque o tortellini em uma panela grande com água fervendo e sal, acrescentando um punhado por vez e deixando a água ferver novamente. Abaixe o fogo e cozinhe em fogo baixo por 3-5 minutos. Quando subirem, conte 30 segundos e remova-os com uma escumadeira e coloque-os em uma tigela aquecida.

4 Derreta a manteiga e coloque sobre o tortellini. Decore com as folhas de sálvia e sirva com queijo parmesão salpicado por cima.

Ravióli de porco e peru

Rendimento: 6 a 8 porções

Metade da quantidade da massa com ovos (páginas 10-13)

Farinha para polvilhar

50 g de manteiga

Ramo grande de sálvia fresca, com as folhas removidas e bem picadas, e mais um pouco para servir

4 colheres de sopa de queijo parmesão ralado na hora e mais um pouco para servir

Para o recheio

25 g de manteiga

150 g de carne de porco moída

115 g de peru moído

4 folhas de sálvia frescas bem picadas

Ramo de alecrim com as folhas removidas e bem picadas

Sal e pimenta-do-reino moída a gosto

2 colheres de sopa de vinho branco

65 g de ricota

3 colheres de sopa de queijo parmesão ralado na hora

1 ovo

Noz moscada ralada

1 Para fazer o recheio: derreta a manteiga em uma panela, acrescente a carne de porco, de peru e as ervas. Cozinhe por 4-6 minutos. Mexa com frequência, com uma colher de pau, para quebrar os blocos que podem se formar. Tempere com sal e pimenta. Acrescente o vinho e mexa novamente. Cozinhe em fogo baixo por 1-2 minutos até reduzir um pouco do volume. Tampe a panela e cozinhe em fogo baixo por mais 20 minutos, mexendo de vez em quando. Com uma escumadeira, transfira a carne para uma tigela e deixe esfriar.

2 Acrescente a ricota e o parmesão na tigela com a carne, juntamente com o ovo e a noz moscada a gosto. Mexa bem para misturar os ingredientes. Usando a máquina de massa, abra um quarto da massa em uma tira de 90-100 cm. Corte esta tira em dois pedaços de 45-50 cm de comprimento (você pode fazer isso enquanto abre a massa, caso as tiras fiquem muito grandes e difíceis de manusear).

3 Use uma colher de chá para fazer 10-12 montinhos igualmente espaçados com o recheio em cima de uma das tiras de massa. Pincele um pouco de água em volta de cada monte e dobre o lado plano da massa por cima do recheio. Começando do lado que foi dobrado, aperte em volta de cada montinho, tirando o ar da borda não dobrada. Salpique com farinha. Com um cortador de massa estriado, corte em volta dos lados entre os montes para fazer quadrados pequenos. Polvilhe com farinha. Coloque o ravióli em guardanapos de pano com farinha e deixe secar enquanto repete o processo com o restante da massa, fazendo 80-96 raviólis no total.

4 Coloque o ravióli em uma panela com água fervendo e sal, deixe a água voltar a ferver, abaixe o fogo e cozinhe por 4-5 minutos. Enquanto isso, derreta a manteiga em uma panela pequena. Tire os raviólis com uma escumadeira conforme estiverem prontos e sirva coberto com a manteiga derretida, ervas e queijo.

Pappardelle com molho de coelho

Rendimento: 4 porções

25 g de cogumelo porcini seco
175 ml de água morna
1 cebola
1 cenoura
1 talo de aipo
3 folhas de louro
25 g de manteiga sem sal
1 colher de sopa de azeite de oliva
50 g de panceta
1 punhado de salsinha picada, e mais um pouco para servir
250 g de carne de coelho sem osso
6 colheres de sopa de vinho branco
200 g de tomate enlatado picado
Sal e pimenta-do-reino moída a gosto
200 g de pappardelle seco

1 Coloque os cogumelos secos em uma tigela, despeje a água morna por cima e deixe reconstituir por 10-15 minutos. Pique os legumes em pedaços pequenos com uma faca ou no processador, se preferir. Rasgue as folhas de louro para ajudar a liberar o sabor.

2 Aqueça a manteiga e o azeite em uma panela média até começar a fritar. Acrescente os legumes picados, a panceta e a salsinha e cozinhe por 5 minutos.

3 Acrescente a carne de coelho e frite-a por igual, por 3-4 minutos. Coloque o vinho e deixe o volume reduzir por alguns minutos. Depois, acrescente o tomate. Escorra os cogumelos e coloque o líquido em que estavam de molho na panela. Pique os cogumelos e acrescente-os à mistura, juntamente com as folhas de louro, sal e pimenta a gosto. Mexa bem, tampe a panela e cozinhe em fogo baixo por 35-45 minutos, até a carne de coelho ficar macia. Mexa de vez em quando.

4 Tire a panela do fogo e separe os pedaços de carne de coelho com uma escumadeira. Corte a carne em pedaços pequenos e coloque de volta ao molho. Retire as folhas de louro e jogue-as fora. Experimente e corrija o tempero, se necessário.

5 Cozinhe o macarrão em água fervendo com sal até estar al dente, ou seja, macio, mas firme quando mordido.

6 Esquente o molho novamente, se necessário. Escorra o macarrão e misture com o molho em uma tigela aquecida. Sirva imediatamente, salpicado com salsinha.

Esse é o tipo de molho que certamente tem seu sabor realçado se for feito com um dia de antecedência. Depois, é só esquentá-lo.

Espaguete com almôndega de vitela

Rendimento: 6 a 8 porções

350 g de espaguete seco

Queijo parmesão ralado na hora para servir

Para o molho da almôndega

350 g de vitela moída

1 ovo

2 colheres de sopa de salsinha picada, e mais um pouco para servir

Sal e pimenta-do-reino moída a gosto

1 fatia grossa de pão sem a casca

2 colheres de sopa de leite

3 colheres de sopa de azeite de oliva

300 ml de massa de tomate

400 ml de caldo de legumes

1 colher de chá de açúcar

1 Faça as almôndegas: coloque a vitela em uma tigela grande, acrescente o ovo e metade da salsinha. Tempere com sal e pimenta. Pique o pão em pedaços pequenos e coloque em uma tigela pequena. Umedeça com o leite e deixe encharcar por alguns minutos. Retire o excesso de leite e esfarele o pão sobre a mistura da carne. Misture tudo muito bem com uma colher de pau. Depois, use as mãos para amassar e misturar a carne.

2 Lave as mãos, enxágue em água fria corrente e pegue pequenos pedaços da mistura, fazendo bolinhas com a palma da mão. No total, serão feitas 40-60 bolinhas. Coloque as almôndegas em uma assadeira e deixe resfriar por 30 minutos.

3 Aqueça o azeite em uma frigideira grande e frite as almôndegas aos poucos, até ficarem douradas.

4 Coloque a massa de tomate e o caldo de legumes em uma panela grande, aqueça de leve e acrescente o açúcar, com sal e pimenta a gosto. Acrescente as almôndegas e deixe ferver. Abaixe o fogo, tampe e cozinhe por 20 minutos.

5 Cozinhe o macarrão em água fervendo com sal até estar al dente, ou seja, macio, mas firme quando mordido.

6 Escorra o macarrão e coloque-o em uma tigela grande aquecida. Coloque o molho por cima e mexa delicadamente. Salpique com o que sobrou da salsinha e sirva com queijo parmesão.

Lasanha com almôndegas

Rendimento: 6 a 8 porções

275 g de carne moída
275 g de carne de porco moída
1 ovo grande
50 g de farelo de pão branco
5 colheres de sopa de queijo parmesão fresco ralado
2 colheres de sopa de salsinha picada
2 dentes de alho espremidos
Sal e pimenta-do-reino moída a gosto
4 colheres de sopa de azeite de oliva
1 cebola bem picada
1 cenoura bem picada
1 talo de aipo, bem picado
800 g de tomate enlatado picado
2 colheres de chá de orégano ou manjericão fresco bem picado
6-8 tiras de massa de lasanha (as que não precisam ser pré-cozidas)

Para o molho bechamel

700 ml de leite
1 folha de louro
1 ramo de tomilho fresco
50 g de manteiga sem sal
50 g de farinha de trigo italiana "00" ou farinha de trigo comum
Noz moscada ralada

1 Faça as almôndegas: coloque 175 g de carne moída e 175 g de carne de porco moída em uma tigela. Acrescente o ovo, o farelo, 2 colheres de parmesão, metade da salsinha, metade do alho e bastante sal e pimenta. Misture tudo com uma colher de pau. Use as mãos para amassar e misturar as carnes.

2 Lave as mãos, enxágue em água fria corrente e pegue pequenos pedaços da mistura, fazendo bolinhas com a palma da mão. No total, serão feitas 30 bolinhas do tamanho de uma noz. Coloque as almôndegas em uma assadeira e deixe resfriar por 30 minutos.

3 Enquanto isso, coloque o leite do molho bechamel em uma panela. Rasgue a folha de louro e acrescente-a, juntamente com o tomilho, ao leite. Deixe ferver. Tire a panela do fogo, tampe e deixa descansar.

4 Faça o molho de carne: aqueça metade do azeite em uma panela, acrescente a cebola, a cenoura, o aipo e o restante do alho. Mexa, em fogo baixo, por 5 minutos, até amaciocer. Acrescente o restante das carnes e cozinhe em fogo baixo por 10 minutos, mexendo de vez em quando. Desfaça os blocos que se formarem. Acrescente sal e pimenta a gosto, os tomates, o restante da salsinha e o orégano ou manjericão. Mexa bem, tampe e cozinhe em fogo baixo por 45-60 minutos, mexendo de vez em quando.

5 Enquanto isso, aqueça o restante do azeite em uma frigideira antiaderente grande. Quando estiver quente, frite as almôndegas aos poucos, em fogo médio-alto, por 5-8 minutos, até ficarem douradas. Mexa a panela de vez em quando para que as almôndegas possam rolar e fritar por igual. Depois de prontas, coloque-as em papel-toalha para secar.

6 Pré-aqueça o forno a 190ºC. Faça o molho bechamel: peneire o leite para remover o louro e o tomilho. Derreta a manteiga em uma panela média, acrescente a farinha e cozinhe por 1-2 minutos, mexendo bem. Acrescente o leite, aos poucos, mexendo muito bem após cada adição. Deixe ferver e cozinhe, em fogo baixo e mexendo sem parar, até ficar grosso e homogêneo. Rale um pouco de noz moscada e experimente. Tempere com sal e pimenta a gosto. Mexa bem e tire a panela do fogo.

7 Espalhe um terço do molho de carne no fundo de um refratário grande e raso. Acrescente metade das almôndegas, espalhe um terço do molho bechamel e cubra com metade da massa de lasanha. Repita essas camadas e, no final, cubra com o molho de carne e o bechamel. Salpique o restante do queijo parmesão.

8 Asse por 30-40 minutos ou até ficar dourado e borbulhando. Deixe descansar por 10 minutos antes de servir. Se desejar, decore com salsinha.

CAPÍTULO 7

massas para impressionar

A massa se tornou parte tão essencial dos hábitos alimentares das famílias que as pessoas, às vezes, me olham com desconfiança quando eu sugiro servir massas em festas e ocasiões especiais. Contudo, a massa pode ser rica e luxuosa, e tão impressionante quanto uma carne assada ou algum prato elaborado de um chef. Alguns ingredientes favorecem (e muito) as massas com um toque de classe — recheios de lagosta e caranguejo em massas recheadas ou até mesmo açafrão para dar cor à massa. Algumas técnicas fazem isso, como a lasanha em camadas abertas (**Vincisgrassi Aperto**) ou os rolos recheados, fatiados e grelhados (**Rotolo Ripieno**). No entanto, os pratos basicamente permanecem simples. E é o formato da massa e a apresentação diferente que fazem o trabalho.

Capelete de queijo com molho bolonhesa

Rendimento: 6 a 8 porções

½ da quantidade da massa com ovos (páginas 10-13)
farinha para polvilhar
2 litros de caldo de carne (página 42)
Queijo parmesão ralado na hora para servir
folhas de manjericão para decorar

Para o recheio

250 g de ricota
85 g de queijo taleggio sem casca e em cubos pequenos
4 colheres de sopa de queijo parmesão ralado na hora
1 ovo pequeno
Noz moscada ralada
Sal e pimenta-do-reino moída a gosto

Para o molho bolonhesa

25 g de manteiga
1 colher de sopa de azeite de oliva
1 cebola bem picada
2 cenouras bem picadas
2 talos de aipo bem picados
2 dentes de alho bem picados
115 g de panceta em cubos pequenos
250 g de carne de porco magra moída
250 g de carne magra moída
125 ml de vinho branco seco
800 g de tomate enlatado picado
450-700 ml de caldo de carne
100 ml de creme de leite

1 Para fazer o recheio: coloque a ricota, o taleggio e o parmesão em uma tigela e amasse-os com um garfo. Acrescente o ovo e a noz moscada ralada, com sal e pimenta a gosto, e misture bem.

2 Usando a máquina de massa, abra um quarto da massa em uma tira de 90-100 cm. Corte esta tira em pedaços de 45-50 cm de comprimento. Com um cortador de ravióli quadrado de 6-7,5 cm, corte 6 ou 7 quadrados de uma das tiras. Com uma colher de chá, coloque um pouco de recheio no centro de cada quadrado. Pincele um pouco de água nas bordas e dobre o quadrado na diagonal, por cima do recheio, formando um triângulo. Aperte para fechar bem. Enrole o triângulo em um dos seus dedos indicadores, juntando as duas pontas de baixo, e pressione para fechar. Depois, aperte as bordas superiores do recheio para fazer um recuo, de modo que o "chapéu" se pareça com uma mitra. Coloque o capelete em guardanapos com farinha, salpique farinha por cima e deixe secar enquanto repete o processo com o restante da massa, fazendo 48-56 capeletes no total.

3 Para fazer o molho bolonhesa: aqueça a manteiga e azeite em uma panela grande até começar a fritar. Acrescente os legumes, o alho e a panceta e cozinhe em fogo médio por 10 minutos, mexendo com

frequência, até que os legumes fiquem macios. Acrescente as carnes, abaixe o fogo e cozinhe por 10 minutos, mexendo de vez em quando para desmanchar os blocos que se formarem. Acrescente sal e pimenta a gosto e o vinho. Misture bem. Cozinhe em fogo baixo por 5 minutos ou até reduzir um pouco do volume.

4 Acrescente os tomates e 250 ml do caldo e deixe ferver. Mexa bem e abaixe o fogo. Tampe parcialmente a panela e deixe cozinhando em fogo baixo por 2 horas. Mexa de vez em quando e acrescente mais caldo, à medida que ele estiver sendo absorvido.

5 Acrescente o creme de leite ao molho de carne. Mexa bem para misturar e cozinhe o molho em fogo baixo por mais 30 minutos, mexendo de vez em quando.

6 Ferva o caldo para cozinhar o macarrão em uma panela grande, coloque o capelete e depois que ferver novamente, abaixe o fogo e cozinhe, em fogo baixo, por 4-5 minutos. Escorra o capelete e divida em 6-8 tigelas aquecidas. Coloque o molho bolonhesa quente por cima e salpique com parmesão ralado e manjericão. Sirva imediatamente.

Rolinho de massa com tomate, ricota e espinafre

Rendimento: 4 porções

½ da quantidade da massa com ovos (páginas 10-13)

25 g de manteiga sem sal, derretida, e mais um pouco para untar

50 g de queijo parmesão ralado na hora

Para o recheio

4 tomates

350 g de espinafre fresco

175 g de ricota

Noz moscada ralada

Sal e pimenta-do-reino moída a gosto

50 g de queijo parmesão ralado na hora

1 Comece pelo recheio: coloque os tomates em uma tigela pequena e cubra com água fervendo por cerca de 40 segundos. Depois, mergulhe-os em água fria. Tire a pele e pique o tomate.

2 Coloque o espinafre em uma panela contendo apenas a água que estiver nas folhas depois de lavadas. Cozinhe por cerca de 5 minutos em fogo médio-alto. Escorra bem o espinafre, espremendo a maior quantidade de água possível.

3 Pique bem o espinafre seco e coloque-o em uma tigela média. Acrescente o tomate, a ricota, noz moscada e sal e pimenta a gosto. Misture tudo com o queijo parmesão.

4 Abra a massa como se fosse uma folha retangular de cerca de 3 mm de espessura. Coloque-a em um pedaço grande de musselina e espalhe o recheio sobre ela, deixando uma margem de 3 cm por toda a volta. Erga uma ponta da musselina e enrole a massa como se fosse um rocambole. Embrulhe na musselina e segure as extremidades com um cordão, como se fosse um bombom.

5 Coloque o rolo em uma caçarola comprida e estreita, que possa ser levada ao fogo, ou em uma assadeira, e cubra com água fria levemente salgada. Deixe ferver e cozinhe em fogo baixo por 30 minutos. Tire da água e deixe esfriar por cerca de 5minutos. Pré-aqueça o grill em intensidade bem quente.

6 Remova a musselina e corte o rolo em fatias de 2 cm de espessura. Coloque-as lado a lado, ou levemente sobrepostas, em um refratário untado com manteiga. Despeje a manteiga derretida sobre as fatias, salpique com queijo parmesão e grelhe por 5 minutos, até ficarem douradas. Sirva imediatamente, diretamente do refratário ou em pratos, salpicadas com pimenta-do-reino e mais manteiga derretida ou azeite extravirgem.

O rolinho de massa pode ser feito com antecedência e guardado na geladeira, embrulhado, por até 2 dias. Primeiro, deixe ele voltar à temperatura ambiente, depois, fatie e grelhe como ensinamos.

Qualquer massa que sobrar pode ser usada como massa para fazer tortas e quiches, por exemplo.

Garganelli com aspargos e creme de leite

Rendimento: 4 porções

1 maço de aspargo fresco (cerca de 250-350 g)

Sal e pimenta-do-reino moída a gosto

350 g de garganelli seco

25 g de manteiga sem sal

200 ml de creme de leite

2 colheres de sopa de vinho branco seco

85-115 g de queijo parmesão ralado na hora

2 colheres de sopa de ervas frescas misturadas (manjericão, salsinha, manjerona e orégano)

1 Apare e jogue fora a extremidade dura do aspargo (após apará-lo, você deve ficar com mais ou menos 200 g). Corte os aspargos em ângulo e tamanho de modo que fiquem semelhante ao formato do garganelli.

2 Reserve as pontas, clareie o aspargo em água fervendo e salgada por 2 minutos, acrescentando as pontas somente no segundo minuto. Escorra imediatamente o aspargo e as pontas, lave em água fria e reserve.

3 Cozinhe o macarrão em água fervendo com sal até estar al dente, ou seja, macio, mas firme quando mordido.

4 Enquanto isso, coloque a manteiga e o creme de leite em uma panela média, acrescente sal e pimenta a gosto e deixe ferver. Cozinhe em fogo baixo por alguns minutos até o creme reduzir e engrossar um pouco. Acrescente o aspargo, o vinho e metade do parmesão. Experimente e corrija o tempero, se necessário. Mantenha em fogo baixo.

5 Escorra o macarrão e coloque-o em uma tigela aquecida. Coloque o molho por cima, salpique com as ervas e misture bem. Sirva coberto com o restante do parmesão.

O garganelli é feito de pequenos quadrados de massa, enrolados em formato de tubos e sulcado. Você pode substituí-lo pelo penne.

Canelone com molho de açafrão

Rendimento: 2 porções

4 tiras de massa de lasanha, cada uma com aproximadamente 16 x 12,5 cm
Sal e pimenta-do-reino moída a gosto

Para o recheio

2 colheres de sopa de azeite de oliva
1 cebola pequena picada
4 corações de alcachofra em conserva, escorridos, lavados e picados
50 g de queijo mussarela picado
115 g de ricota
50 g de queijo dolcelatte
1 colher de chá de alecrim fresco bem picado

Para o molho

15 g de manteiga sem sal
½ dente de alho espremido
1pitada grande de açafrão
1 colher de sopa de vinho branco
125 g de queijo mascarpone
Sal e pimenta-do-reino moída a gosto

1 Pré-aqueça o forno a 180ºC. Coloque a massa em uma panela grande com água fervendo e sal e deixe voltar a ferver. Ferva por 1-2 minutos, escorra e enxague em água fria.

2 Para fazer o recheio, aqueça o azeite em uma panela, acrescente a cebola e refogue até amolecer. Acrescente as alcachofras picadas e cozinhe por 5 minutos. Acrescente a mussarela, a ricota, o dolcelatte e o alecrim. Tempere bem com sal e pimenta e misture tudo.

3 Para fazer o molho, derreta a manteiga em uma panela, acrescente o alho e o açafrão e aqueça de leve. Acrescente o vinho e o queijo mascarpone, com sal e pimenta a gosto, e cozinhe em fogo baixo por 5 minutos.

4 Para montar o prato, coloque um pouco de recheio no meio de cada tira de massa. Umedeça as bordas com água e enrole cada retângulo a partir de uma de suas extremidades mais estreitas, formando um tubo grosso. Arrume o canelone em um refratário, coloque o molho e cubra com papel alumínio.

5 Asse no forno por 20 minutos. Sirva imediatamente.

Bombom com cogumelo selvagem e ricota

Rendimento: entrada – 6 porções ou prato principal – 4 porções

6 tiras de massa de ovos (veja anotação abaixo), aproximadamente 28 x 24 cm

1 ovo levemente batido

Para o recheio

200 g de cogumelo selvagem bem picado

150 g de cogumelo chato bem picado

½ cebola ralada

150 g de ricota

2 colheres de sopa de queijo parmesão ralado na hora

½ colher de chá de sálvia fresca picada

½ colher de chá de orégano fresco picado

½ colher de chá de salsinha fresca picada

1 pitada de noz moscada ralada

Pimenta-do-reino fresca moída

Para finalizar

Creme de leite ou manteiga derretida, para cobrir

Queijo parmesão ralado na hora

1 Corte as tiras de massa em 9 retângulos cada um com cerca de 7,5 x 5 cm. Com um cortador de massa, apare as extremidades menores de cada retângulo.

2 Misture todos os ingredientes do recheio. Coloque uma colher de chá de recheio no centro de cada retângulo. Pincele o ovo batido em um dos lados e dobre a massa para formar um tubo. Aperte bem para fechar, tentando remover o máximo de ar possível. Depois, aperte e gire as extremidades bem firme, como se fosse embrulhar um bombom. Deixe os bombons de lado, descobertos, para descansarem.

3 Coloque os bombons, aos poucos, em uma panela grande com água fervendo e sal, deixando a água voltar a ferver. Abaixe o fogo e cozinhe por 4-5 minutos, ou até ficar macio. Retire-os da panela com uma escumadeira e empilhe em um refratário.

4 Jogue o creme ou manteiga por cima e salpique com queijo parmesão para servir.

Esses bombons são melhores se forem feitos com massa enrolada bem fina. Utilize a receita da página 11, mas use apenas 200 g de cada farinha e 4 ovos.

Os bombons também ficam deliciosos com recheio de ervas ou espinafre e ricota (veja as páginas 140 e 169).

Talharim com chicória e creme

Rendimento: 4 porções

225 g de talharim seco
Sal e pimenta-do-reino moída a gosto
85 g de panceta ou bacon cortado em cubo
25 g de manteiga sem sal
1 cebola bem picada
115-175 g de chicória rasgada
1 dente de alho bem picado
150 ml de creme de leite
50 g de queijo parmesão ralado na hora
1 punhado de salsinha picada

1 Cozinhe o macarrão em água fervendo com sal até estar al dente, ou seja, macio, mas firme quando mordido.

2 Enquanto isso, aqueça levemente a panceta ou bacon em uma panela até a gordura escorrer. Aumente o fogo e refogue por 5 minutos. Acrescente a manteiga, a cebola e a chicória, refogando em fogo alto por 4 minutos. Acrescente o alho e refogue por mais 1 minuto, até que a cebola comece a ganhar cor. Coloque o creme de leite e o parmesão e tempere a gosto. Cozinhe por mais 1-2 minutos, até começar a borbulhar. Corrija o tempero, se necessário.

3 Escorra o macarrão, coloque-o em uma tigela, coloque o molho por cima e misture bem com a salsinha.

Garganelli com salmão e camarão

Rendimento: 4 porções

350 g de filé de salmão
200 ml de vinho branco seco
folhas de manjericão, e mais um pouco para decorar
Sal e pimenta-do-reino moída a gosto
150 ml de creme de leite
6 tomates maduros sem pele e picados em pedaços pequenos
350 g de garganelli seco
115 g de camarão cozido sem casca

1 Coloque o salmão em uma panela larga e rasa, com o lado da pele virado pra cima. Coloque o vinho, espalhe as folhas de manjericão e tempere com sal e pimenta. Deixe ferver, tampe e cozinhe em fogo baixo por não mais de 5 minutos. Use uma escumadeira para tirar o peixe. Reserve e espere esfriar um pouco.

2 Acrescente o creme de leite e tomate ao líquido remanescente na panela e deixe ferver. Mexa bem, abaixe o fogo e cozinhe por 10-15 minutos, sem tampar, até engrossar um pouco.

3 Enquanto isso, cozinhe o macarrão em água fervendo com sal até estar al dente, ou seja, macio, mas firme quando mordido.

4 Quando estiver frio o suficiente para manusear, desfie o peixe em pedaços grandes, jogando fora a pele e ossos. Acrescente o peixe no molho, juntamente com os camarões, mexendo a panela até que eles estejam cobertos. Experimente e corrija o tempero, se necessário.

5 Escorra o macarrão cozido e coloque-o em uma tigela aquecida. Coloque o molho por cima e misture tudo. Sirva imediatamente, decorado com folhas de manjericão.

O garganelli é feito de pequenos quadrados de massa, enrolados em formato de tubos e sulcado. Você pode substituí-lo pelo penne.

Ravióli com caranguejo

Rendimento: 4 porções

½ da quantidade da massa com ovos (página 11)

Farinha para polvilhar

90 g de manteiga sem sal

Suco de 1 limão

Para o recheio

175 g de queijo mascarpone

175 g de carne de caranguejo

1 punhado de salsinha bem picada

Raspas bem finas de 1 limão

Sal e pimenta-do-reino moída a gosto

1 Primeiro, faça o recheio: coloque o mascarpone em uma tigela, amasse bem com um garfo e acrescente a carne de caranguejo, salsinha e raspa de limão, com sal e pimenta a gosto. Mexa bem.

2 Usando a máquina de massa, abra um quarto da massa em uma tira de 90-100 cm. Corte esta tira em quatro pedaços de 45-50 cm de comprimento (você pode fazer isso enquanto abre a massa, caso as tiras fiquem muito grandes e difíceis de manusear). Com um cortador de biscoito estriado, corte 8 discos de cada tira.

3 Com uma colher de chá, coloque um montinho de recheio no meio de cada disco. Pincele um pouco de água nas bordas dos discos cheios e coloque outro disco em cima, pressionando as bordas para fechá-las. Tente eliminar o máximo de ar que conseguir. Se quiser uma decoração mais bonita, pressione as bordas com os dentes de um garfo.

4 Coloque o ravióli em um refratário com farinha, salpique um pouco de farinha por cima e deixe secar enquanto repete o processo com o restante da massa. No total, você fará 32 raviólis. Coloque o ravióli em uma panela grande com água fervendo e sal, deixe a água ferver novamente e abaixe o fogo, cozinhando por 4-5 minutos.

5 Enquanto isso, derreta a manteiga com o suco de limão até começar a fritar. Escorra o ravióli e divida-os em 4 tigelas aquecidas. Jogue a manteiga de limão por cima e sirva imediatamente.

Você pode usar somente a carne de caranguejo branca ou uma mistura da branca e da escura. A carne escura tem um sabor muito mais forte.

Compre vieiras com o coral, se possível. Elas sempre têm textura e sabor melhores que as congeladas.

Talharim com vieiras e pimenta

Rendimento: 4 porções

200 g de vieiras cortadas ao meio em dois discos

2 colheres de sopa de farinha de trigo

Sal e pimenta-do-reino moída a gosto

45 g de manteiga sem sal

1 cebola pequena bem picada

1 pimenta vermelha sem sementes e bem picada

2 colheres de sopa de salsinha fresca bem picada

4 colheres de sopa de conhaque

7 colheres de sopa de caldo de peixe

350 g de talharim

1 Coloque as vieiras na farinha e chacoalhe para tirar o excesso. Ferva uma panela com água e sal e deixe-a pronta para cozinhar o macarrão.

2 Enquanto isso, derreta a manteiga em uma panela. Acrescente a cebola, a pimenta e metade da salsinha. Refogue em fogo médio por 1-2 minutos, mexendo com frequência. Acrescente as vieiras e deixe no fogo por mais 1-2 minutos.

3 Coloque o conhaque nas vieiras e imediatamente (e com muito cuidado) coloque fogo com um fósforo. Assim que as chamas se apagarem, acrescente o caldo de peixe com sal e pimenta a gosto. Misture bem, cozinhe em fogo baixo por 2-3 minutos, tampe a panela e tire-a do fogo.

4 Acrescente o macarrão na água fervendo até estar al dente, ou seja, macio, mas firme quando mordido.

5 Escorra o macarrão, acrescente ao molho e misture em fogo médio. Sirva imediatamente, salpicando o restante da salsinha.

Strangozzi, frango e flor de abobrinha

Rendimento: 4 porções

Sal e pimenta-do-reino moída a gosto
2 peitos de frango sem pele, 350 g no total
50 g de manteiga sem sal
2 colheres de sopa de azeite de oliva
1 cebola pequena em fatias finas
200 g de abobrinhas pequenas cortadas à julienne
1 dente de alho espremido
1 colheres de chá de manjerona fresca bem picada
350 g de strangozzi seco
1 punhado de flores de abobrinha, lavadas e secas
Lascas finas de queijo parmesão para decorar

1 Tempere o frango e grelhe em fogo médio por 25 minutos, virando uma vez, até ficar dourado. Corte em pedaços de tamanhos iguais e reserve.

2 Aqueça a manteiga e metade do azeite de oliva em uma panela média, acrescente a cebola e cozinhe em fogo baixo por cerca de 5 minutos, mexendo com frequência, até amolecer. Acrescente a abobrinha e salpique o alho, a manjerona, sal e pimenta por cima. Acrescente os pedaços de frango e cozinhe por 8 minutos, até que a abobrinha tenha ganhado cor.

3 Enquanto isso, cozinhe o macarrão em água fervendo com sal até estar al dente, ou seja, macio, mas firme quando mordido.

4 Reserve algumas flores de abobrinha inteiras para decoração, e rasgue as demais para adicioná-las à mistura da abobrinha. Mexa bem, experimente e corrija o tempero, se necessário.

5 Escorra o macarrão cozido, coloque-o em uma tigela aquecida e acrescente o restante do azeite. Mexa, acrescente a mistura da abobrinha e mexa novamente. Cubra com as lascas de parmesão e as flores de abobrinha.

Strangozzi é a versão pequena do strozzapreti ou "estranguladores de padre", um macarrão curto e contorcido de Modena. Você pode substituí-lo por espaguete.

Lasanha aberta com cogumelo marrom e presunto de Parma

Rendimento: 4 a 6 pessoas

½ da quantidade da massa com ovos (páginas 10-13)
Sal e pimenta-do-reino moída a gosto
400 g de cogumelo porcini fresco fatiado
4 colheres de sopa de azeite de oliva extravirgem
200 g de presunto de Parma cortado à julienne
200 ml de creme de leite
3 colheres de sopa de salsinha fresca bem picada
150 g de queijo parmesão ralado na hora
Azeite de trufa branca ou, se possível, algumas lascas de trufa branca

Para o molho

150 g de manteiga sem sal
50 g de farinha de trigo, de preferência italiana "00"
1,2 litros de leite morno

1 Abra a massa na máquina como você faria para uma lasanha normal. Corte o comprimento da massa em quadrados de 12,5 cm. Cozinhe os quadrados, aos poucos, em bastante água fervendo e sal. Coloque em um guardanapo para escorrer.

2 Faça o molho: derreta 50 g de manteiga, acrescente a farinha e misture bem. Acrescente o leite quente, aos poucos, batendo bem com um batedor de ovos.

3 Cozinhe o porcini no azeite de oliva até ficar macio e acrescente-o ao molho. Misture o presunto de Parma, o creme de leite e a salsinha. Tempere e deixe ferver. Tire do fogo.

4 Pré-aqueça o forno a 220°C. Para montar a vincisgrassi, unte um refratário (ou tigelas individuais que possam ser levadas ao forno) e cubra a manteiga com uma camada de massa. Depois, espalhe uma camada de bechamel, coloque um pouco de manteiga e salpique queijo parmesão. Continue o processo, fazendo uma camada após a outra, e terminando com uma camada de bechamel e queijo parmesão por cima. Asse por 20 minutos até começar a borbulhar. Termine no grill, se necessário, para dar um pouco de cor.

5 Sirva com um pouco de azeite de trufa ou, melhor ainda, lascas de trufa branca, e um pouco mais de queijo parmesão.

Torta de ricota napolitana

Rendimento: 10 porções

Para a massa

225 g de manteiga sem sal
175 g de açúcar
4 gemas
450 g de farinha de trigo comum ou italiana "00", e mais um pouco para polvilhar

Para o recheio

450 g de ricota
115 g de açúcar
1 colher de chá de canela moída
raspas e suco de 1 limão
4 colheres de sopa de água de flor de laranjeira
115 g de laranja ou limão cristalizadas
1 ovo com a clara separada da gema
550 ml de leite
175 g de vermicelli
1 pitada de sal
açúcar de confeiteiro para decorar

1 Para fazer a massa: coloque a manteiga e açúcar em uma tigela e mexa até formar um creme. Acrescente as gemas e adicione a farinha aos poucos, misturando bem para formar uma massa macia. Embrulhe em um papel impermeável e deixe refrigerar na geladeira por 30 minutos.

2 Para fazer o recheio, coloque a ricota, o açúcar (reserve 2 colheres de sopa), a canela, metade das raspas de limão, o suco de limão, a água de flor de laranjeira, a fruta cristalizada e a gema em uma tigela e bata tudo.

3 Ferva o leite em uma panela pequena. Acrescente o vermicelli e o restante do açúcar e da raspa de limão, com sal, e cozinhe em fogo baixo até o vermicelli absorver quase todo o leite.

4 Enquanto ainda estiver quente, misture cuidadosamente o macarrão com o recheio de ricota. Bata a clara até ficar firme e acrescente à mistura.

5 Pré-aqueça o forno a 190ºC. Em uma superfície levemente polvilhada com farinha, abra a massa e use dois terços dela para forrar uma assadeira redonda para tortas de 28 cm. É uma massa bem frágil, ela pode rasgar a qualquer momento, mas é fácil de consertar.

6 Acrescente o recheio de ricota e corte o restante da massa em tiras de 5 mm. Coloque-as cruzadas por cima da torta.

7 Asse no forno por 40-50 minutos até dourar. Polvilhe com açúcar de confeiteiro antes de servir. Você pode servi-la quente ou fria.

Agradecimentos

Os editores gostariam de agradecer os seguintes pela cessão do direito de propriedade das fotografias:
The Conran Shop, www.conran.com; **Divertimenti**, www.divertimenti.co.uk; **Designers Guild**, www.designersguild.com; **Habitat**, www.habitat.net; Ikea, www.**ikea**.com; **Inventory**; **Jerry's**; **LSA International**, www.lsa-international.com; **Muji**, www.mujionline.co.uk.

Estilistas de Alimentos Maxine Clark, Joanna Farrow, Marie Ange Lapierre, Louise Pickford, Bridget Sargeson, Linda Tubby
Estilistas de Fotografia Kasha Harmer Hirst, Maya Babic
Contribuintes Sara Buenfeld, Maxine Clark, Joanna Farrow, Janet Illsley, Louise Pickford, Bridget Sargeson, Linda Tubby, Sunil Vijayakar